TRANZLATY

El idioma es para todos

Мова для всіх

El Manifiesto Comunista

Маніфест Комуністичної партії

Karl Marx
&
Friedrich Engels

Español / Українська

Copyright © 2025 Tranzlaty
All rights reserved.
Published by Tranzlaty
ISBN: 978-1-80572-444-5
Original text by Karl Marx and Friedrich Engels
The Communist Manifesto
First published in 1848
www.tranzlaty.com

Introducción

Введення

Un fantasma acecha a Europa: el fantasma del comunismo

Привид блукає Європою — привид комунізму

Todas las potencias de la vieja Europa han entrado en una santa alianza para exorcizar este fantasma

Всі держави старої Європи уклали священний союз, щоб вигнати цю примару

El Papa y el Zar, Metternich y Guizot, los radicales franceses y los espías de la policía alemana

Папа і цар, Меттерніх і Гізо, французькі радикали і німецькі поліцейські-шпигуни

¿Dónde está el partido en la oposición que no ha sido tachado de comunista por sus adversarios en el poder?

Де та опозиційна партія, яку опоненти при владі не засудили як комуністичну?

¿Dónde está la Oposición que no haya devuelto el reproche de marca al comunismo contra los partidos de oposición más avanzados?

Де та опозиція, яка не відкинула тавровий докір комунізму на адресу більш просунутих опозиційних партій?

¿Y dónde está el partido que no ha hecho la acusación contra sus adversarios reaccionarios?

І де та партія, яка не висунула звинувачення проти своїх реакційних супротивників?

Dos cosas resultan de este hecho

З цього факту випливають дві речі

I. El comunismo es ya reconocido por todas las potencias europeas como una potencia en sí misma

I. Комунізм вже визнаний усіма європейськими державами як держава

II. Ya es hora de que los comunistas publiquen abiertamente, a la vista de todo el mundo, sus puntos de vista, sus objetivos y sus tendencias

II. Настав час, щоб комуністи відкрито, перед обличчям усього світу, оприлюднили свої погляди, цілі та тенденції

deben hacer frente a este cuento infantil del Espectro del Comunismo con un Manifiesto del propio partido

вони повинні зустріти цю дитячу казку про привид комунізму з маніфестом самої партії

Con este fin, comunistas de diversas nacionalidades se han reunido en Londres y han esbozado el siguiente Manifiesto

З цією метою комуністи різних національностей зібралися в Лондоні і накидали наступний Маніфест

El presente manifiesto se publicará en inglés, francés, alemán, italiano, flamenco y danés

цей маніфест має бути опублікований англійською, французькою, німецькою, італійською, фламандською та данською мовами

Y ahora se publicará en todos los idiomas que ofrece Tranzlaty

І тепер він має бути опублікований усіма мовами, які пропонує Tranzlaty

La burguesía y los proletarios
Буржуа і пролетарі

La historia de todas las sociedades existentes hasta ahora es la historia de las luchas de clases

Історія всіх існуючих досі суспільств - це історія класової боротьби

Hombre libre y esclavo, patricio y plebeyo, señor y siervo, maestro de gremio y oficial

Вільна людина і раб, патрицій і плебей, пан і кріпак, цехмейстер і підмайстер

en una palabra, opresor y oprimido

Одним словом, гнобитель і пригноблений

Estas clases sociales estaban en constante oposición entre sí

Ці соціальні класи перебували в постійній опозиції один до одного

Llevaron a cabo una lucha ininterrumpida. Ahora oculto, ahora abierto

Вони вели безперервну боротьбу. Тепер приховано, тепер відкрито

una lucha que terminó en una reconstitución revolucionaria de la sociedad en general

боротьба, яка закінчилася революційною перебудовою суспільства в цілому

o una lucha que terminó en la ruina común de las clases contendientes

або боротьбу, яка закінчилася загальною загибеллю ворогуючих класів

Echemos la vista atrás a las épocas anteriores de la historia

Озирнімося на попередні епохи історії

Encontramos casi en todas partes una complicada organización de la sociedad en varios órdenes

Майже скрізь ми знаходимо складний поділ суспільства на різні порядки

Siempre ha habido una múltiple gradación de rango social

Завжди існувала різноманітна градація соціального рангу

En la antigua Roma tenemos patricios, caballeros, plebeyos, esclavos

У Стародавньому Римі є патриції, лицарі, плебеї, раби

en la Edad Media: señores feudales, vasallos, maestros de gremios, oficiales, aprendices, siervos

в середні віки: феодали, васали, цехмейстери, підмайстри, підмайстри, кріпаки

En casi todas estas clases, de nuevo, las gradaciones subordinadas

Майже у всіх цих класах, знову ж таки, підрядні градації

La sociedad burguesa moderna ha brotado de las ruinas de la sociedad feudal

Сучасне буржуазне суспільство виросло з руїн феодального суспільства

Pero este nuevo orden social no ha eliminado los antagonismos de clase

Але цей новий соціальний лад не покінчив із класовими антагонізмами

No ha hecho más que establecer nuevas clases y nuevas condiciones de opresión

Вона лише встановила нові класи і нові умови гноблення

Ha establecido nuevas formas de lucha en lugar de las antiguas

Вона встановила нові форми боротьби замість старих

Sin embargo, la época en la que nos encontramos posee un rasgo distintivo

Однак епоха, в якій ми опинилися, має одну відмінну рису

la época de la burguesía ha simplificado los antagonismos de clase

епоха буржуазії спростила класові антагонізми

La sociedad en su conjunto se divide cada vez más en dos grandes campos hostiles

Суспільство в цілому все більше розпадається на два великих ворожих табори

dos grandes clases sociales enfrentadas directamente: la burguesía y el proletariado

два великих суспільних класу, що безпосередньо
стикаються один з одним: буржуазія і пролетаріат

**De los siervos de la Edad Media surgieron los burgueses de
las primeras ciudades**

З кріпаків середньовіччя вийшли завірені міщани
найдавніших міст

**A partir de estos burgueses se desarrollaron los primeros
elementos de la burguesía**

З цих міщан розвинулися перші елементи буржуазії

El descubrimiento de América y el doblamiento del Cabo

Відкриття Америки і округлення мису

**estos acontecimientos abrieron un nuevo terreno para la
burguesía en ascenso**

ці події відкрили нові ґрунти для зростаючої буржуазії

**Los mercados de las Indias Orientales y China, la
colonización de América, el comercio con las colonias**

Ринки Ост-Індії та Китаю, колонізація Америки, торгівля з
колоніями

**el aumento de los medios de cambio y de las mercancías en
general**

збільшення засобів обміну і товарів в цілому

**Estos acontecimientos dieron al comercio, a la navegación y a
la industria un impulso nunca antes conocido**

Ці події дали комерції, навігації та промисловості
небачений раніше імпульс

**Dio un rápido desarrollo al elemento revolucionario en la
tambaleante sociedad feudal**

Це дало швидкий розвиток революційному елементу в
хиткому феодальному суспільстві

**Los gremios cerrados habían monopolizado el sistema
feudal de producción industrial**

Закриті гільдії монополізували феодальну систему
промислового виробництва

**Pero esto ya no bastaba para satisfacer las crecientes
necesidades de los nuevos mercados**

Але цього вже не вистачало для зростаючих потреб нових ринків

El sistema manufacturero sustituyó al sistema feudal de la industria

На зміну феодальній системі промисловості прийшла виробнича система

Los maestros de gremio fueron empujados a un lado por la clase media manufacturera

Цехмейстерів з одного боку відтіснив промисловий середній клас

La división del trabajo entre los diferentes gremios corporativos desapareció

зник розподіл праці між різними корпоративними гільдіями

La división del trabajo penetraba en cada uno de los talleres

Поділ праці пронизував кожну окрему майстерню

Mientras tanto, los mercados seguían creciendo y la demanda seguía aumentando

Тим часом ринки продовжували зростати, а попит постійно зростав

Ni siquiera las fábricas bastaban para satisfacer las demandas

Навіть заводів вже не вистачало, щоб задовольнити потреби

A partir de entonces, el vapor y la maquinaria revolucionaron la producción industrial

Після цього пара і машини зробили революцію в промисловому виробництві

El lugar de la manufactura fue ocupado por el gigante, la Industria Moderna

Місце виробництва зайняв гігант Modern Industry

El lugar de la clase media industrial fue ocupado por millonarios industriales

Місце промислового середнього класу зайняли промислові мільйонери

el lugar de los jefes de ejércitos industriales enteros fue ocupado por la burguesía moderna

місце вождів цілих промислових армій зайняла сучасна буржуазія

el descubrimiento de América allanó el camino para que la industria moderna estableciera el mercado mundial

відкриття Америки відкрило шлях сучасній промисловості до становлення світового ринку

Este mercado dio un inmenso desarrollo al comercio, la navegación y la comunicación por tierra

Цей ринок дав величезний розвиток торгівлі, навігації та сухопутному зв'язку

Este desarrollo ha repercutido, en su momento, en la extensión de la industria

Цей розвиток свого часу відбився на розширенні промисловості

Reaccionó en proporción a cómo se extendía la industria, y cómo se extendían el comercio, la navegación y los ferrocarriles

Вона реагувала пропорційно тому, як розширювалася промисловість, розширювалася торгівля, мореплавство і залізниці

en la misma proporción en que la burguesía se desarrolló, aumentó su capital

в тій же пропорції, в якій розвивалася буржуазія, вона збільшувала свій капітал

y la burguesía relegó a un segundo plano a todas las clases heredadas de la Edad Media

а буржуазія відсунула на задній план будь-який клас, переданий з середньовіччя

por lo tanto, la burguesía moderna es en sí misma el producto de un largo curso de desarrollo

тому сучасна буржуазія сама по собі є продуктом тривалого шляху розвитку

Vemos que es una serie de revoluciones en los modos de producción y de intercambio

Ми бачимо, що це серія революцій у способах виробництва та обміну

Cada paso de la burguesía desarrollista iba acompañado de un avance político correspondiente

Кожен крок розвитку буржуазії супроводжувався відповідним політичним кроком

Una clase oprimida bajo el dominio de la nobleza feudal

Пригноблений клас під владою феодальної знаті

una asociación armada y autónoma en la comuna medieval

озброєне і самоврядне об'єднання в середньовічній комуні

aquí, una república urbana independiente (como en Italia y Alemania)

тут незалежна урбаністична республіка (як в Італії та Німеччині)

allí, un "tercer estado" imponible de la monarquía (como en Francia)

там оподатковуваний «третій стан» монархії (як у Франції)

posteriormente, en el período de fabricación propiamente dicho

згодом, у період виготовлення належного

la burguesía servía a la monarquía semifeudal o a la monarquía absoluta

буржуазія служила або напівфеодальній, або абсолютній монархії

o la burguesía actuaba como contrapeso contra la nobleza

або буржуазія виступала як противага дворянству

y, de hecho, la burguesía era una piedra angular de las grandes monarquías en general

і, по суті, буржуазія була наріжним каменем великих монархій взагалі

pero la industria moderna y el mercado mundial se establecieron desde entonces

але з тих пір утвердилася сучасна промисловість і світовий ринок

y la burguesía ha conquistado para sí el dominio político exclusivo

і буржуазія завоювала для себе виняткову політичну владу

logró esta influencia política a través del Estado representativo moderno

вона досягла такого політичного впливу через сучасну представницьку державу

Los ejecutivos del Estado moderno no son más que un comité de gestión

Виконавча влада сучасної держави є лише керівним комітетом

y manejan los asuntos comunes de toda la burguesía

і вони керують загальними справами всієї буржуазії

La burguesía, históricamente, ha desempeñado un papel muy revolucionario

Буржуазія історично відігравала найбільш революційну роль

Dondequiera que se impuso, puso fin a todas las relaciones feudales, patriarcales e idílicas

Скрізь, де вона брала гору, вона ставила край усім феодальним, патріархальним та ідилічним відносинам

Ha roto sin piedad los abigarrados lazos feudales que unían al hombre con sus "superiores naturales"

Вона безжально розірвала строкаті феодальні зв'язки, які пов'язували людину з її «природним начальством»

y no ha dejado ningún nexo entre el hombre y el hombre, más allá del puro interés propio

І вона не залишила ніякого зв'язку між людиною і людиною, крім голого егоїзму

Las relaciones del hombre entre sí se han convertido en nada más que un cruel "pago en efectivo"

Відносини людей один з одним стали нічим іншим, як бездушною «грошовою оплатою»

Ha ahogado los éxtasis más celestiales del fervor religioso

Вона заглушила найнебесніші екстази релігійного запалу

ha ahogado el entusiasmo caballeresco y el sentimentalismo filisteo

Вона заглушила лицарський ентузіазм і обивательський сентименталізм

ha ahogado estas cosas en el agua helada del cálculo egoísta

Вона втопила ці речі в крижаній воді егоїстичних розрахунків

Ha resuelto el valor personal en valor de cambio

Вона перетворила особисту цінність на мінову вартість

Ha sustituido a las innumerables e imprescriptibles libertades estatutarias

Вона прийшла на зміну незліченним і непорушним статутним свободам

y ha establecido una libertad única e inconcebible; Libre cambio

і вона встановила єдину, безсовісну свободу; Вільна торгівля

En una palabra, lo ha hecho para la explotación

Одним словом, вона зробила це для експлуатації

explotación velada por ilusiones religiosas y políticas

експлуатація, завуальована релігійними та політичними ілюзіями

explotación velada por una explotación desnuda, desvergonzada, directa, brutal

експлуатація, завуальована голою, безсоромною, прямою, жорстокою експлуатацією

la burguesía ha despojado de la aureola a todas las ocupaciones anteriormente honradas y veneradas

буржуазія зняла ореол з усіх раніше шанованих і шанованих занять

el médico, el abogado, el sacerdote, el poeta y el hombre de ciencia

Лікар, законник, священик, поет і людина науки

Ha convertido a estos distinguidos trabajadores en sus trabajadores asalariados

Вона перетворила цих видатних працівників на своїх найманих робітників

La burguesía ha rasgado el velo sentimental de la familia

Буржуазія зірвала сентиментальну завісу з сім'ї

y ha reducido la relación familiar a una mera relación monetaria

І це звело родинні стосунки до простих грошових відносин

el brutal despliegue de vigor en la Edad Media que tanto admiran los reaccionarios

жорстокий прояв енергійності в середні віки, яким так захоплюються реакціонери

Aun esto encontró su complemento adecuado en la más perezosa indolencia

Навіть це знайшло своє гідне доповнення в самій лінивій млявості

La burguesía ha revelado cómo sucedió todo esto

Буржуазія розповіла, як все це сталося

La burguesía ha sido la primera en mostrar lo que la actividad del hombre puede producir

Буржуазія була першою, хто показав, до чого може призвести діяльність людини

Ha logrado maravillas que superan con creces las pirámides egipcias, los acueductos romanos y las catedrales góticas

Він здійснив чудеса, які набагато перевершують єгипетські піраміди, римські акведуки та готичні собори

y ha llevado a cabo expediciones que han hecho sombra a todos los antiguos Éxodos de naciones y cruzadas

і вона проводила експедиції, які відкидали в тінь всі колишні Виходи народів і хрестові походи

La burguesía no puede existir sin revolucionar constantemente los instrumentos de producción

Буржуазія не може існувати без постійної революції в знаряддях виробництва

y, por lo tanto, no puede existir sin sus relaciones con la producción

і тому вона не може існувати без своїх відносин з виробництвом

y, por lo tanto, no puede existir sin sus relaciones con la sociedad

і тому вона не може існувати без своїх відносин з
суспільством

**Todas las clases industriales anteriores tenían una condición
en común**

Всі попередні промислові класи мали одну спільну умову

**Confiaban en la conservación de los antiguos modos de
producción**

Вони робили ставку на збереження старих способів
виробництва

**pero la burguesía trajo consigo una dinámica completamente
nueva**

але буржуазія принесла з собою абсолютно нову динаміку

**Revolucionar constantemente la producción y perturbar
ininterrumpidamente todas las condiciones sociales**

Постійна революція виробництва і безперервне
порушення всіх суспільних умов

**esta eterna incertidumbre y agitación distingue a la época
burguesa de todas las anteriores**

ця вічна непевність і хвилювання відрізняє епоху буржуазії
від усіх попередніх

**Las relaciones previas con la producción vinieron
acompañadas de antiguos y venerables prejuicios y
opiniones**

Попередні відносини з виробництвом були пов'язані з
давніми і поважними забобонами і думками

Pero todas estas relaciones fijas y congeladas son barridas

Але всі ці фіксовані, швидко заморожені відносини
змітаються

**Todas las relaciones recién formadas se vuelven anticuadas
antes de que puedan osificarse**

Всі новосформовані відносини застарівають ще до того, як
встигають закостеніти

**Todo lo que es sólido se derrite en el aire, y todo lo que es
santo es profanado**

Усе тверде плавиться в повітрі, а все святе оскверняється

El hombre se ve finalmente obligado a afrontar con sus sentidos sobrios sus verdaderas condiciones de vida

Людина, нарешті, змушена тверезо зіткнутися зі своїми справжніми умовами життя

y se ve obligado a afrontar sus relaciones con los de su especie

І він змушений зіткнутися віч-на-віч зі своїм родом

La burguesía necesita constantemente ampliar sus mercados para sus productos

Буржуазії постійно потрібно розширювати ринки збуту своєї продукції

y, debido a esto, la burguesía es perseguida por toda la superficie del globo

і через це буржуазія ганяється по всій поверхні земної кулі

La burguesía debe anidar en todas partes, establecerse en todas partes, establecer conexiones en todas partes

Буржуазія повинна скрізь гніздитися, скрізь селитися, скрізь налагоджувати зв'язки

La burguesía debe crear mercados en todos los rincones del mundo para explotar

Буржуазія повинна створити ринки в кожному куточку світу

La producción y el consumo en todos los países han adquirido un carácter cosmopolita

Виробництву і споживанню в кожній країні надано космополітичний характер

el disgusto de los reaccionarios es palpable, pero ha continuado a pesar de todo

розчарування реакціонерів відчутне, але воно триває, незважаючи на

La burguesía ha sacado de debajo de los pies de la industria el terreno nacional en el que se encontraba

Буржуазія витягла з-під ніг промисловості національний ґрунт, на якому вона стояла

Todas las industrias nacionales de vieja data han sido destruidas, o están siendo destruidas diariamente

Всі старі вітчизняні галузі промисловості були знищені або щодня знищуються

Todas las viejas industrias nacionales son desplazadas por las nuevas industrias

Всі старі національні галузі витісняються новими галузями

Su introducción se convierte en una cuestión de vida o muerte para todas las naciones civilizadas

Їх запровадження стає питанням життя і смерті для всіх цивілізованих народів

son desalojados por industrias que ya no trabajan con materia prima autóctona

Їх витісняють галузі, які більше не обробляють місцеву сировину

En cambio, estas industrias extraen materias primas de las zonas más remotas

Натомість ці галузі тягнуть сировину з найвіддаленіших зон

industrias cuyos productos se consumen, no solo en el país, sino en todos los rincones del mundo

галузі, продукція яких споживається не тільки вдома, але і в будь-якій точці земної кулі

En lugar de las viejas necesidades, satisfechas por las producciones del país, encontramos nuevas necesidades

На зміну старим бажанням, задоволеним виробництвом країни, ми знаходимо нові бажання

Estas nuevas necesidades requieren para su satisfacción los productos de tierras y climas lejanos

Ці нові потреби вимагають для свого задоволення продуктів далеких країн і кліматів

En lugar de la antigua reclusión y autosuficiencia local y nacional, tenemos el comercio

Замість старої місцевої та національної самітності та самодостатності ми маємо торгівлю

intercambio internacional en todas las direcciones; Interdependencia universal de las naciones

міжнародний обмін у всіх напрямках; універсальна взаємозалежність націй

Y así como dependemos de los materiales, también dependemos de la producción intelectual

І так само, як ми залежимо від матеріалів, так і ми залежимо від інтелектуального виробництва

Las creaciones intelectuales de las naciones individuales se convierten en propiedad común

Інтелектуальні творіння окремих народів стають спільним надбанням

La unilateralidad nacional y la estrechez de miras se vuelven cada vez más imposibles

Національна однобічність і обмеженість стають все більш неможливими

y de las numerosas literaturas nacionales y locales, surge una literatura mundial

А з численних національних і місцевих літератур виникає світова література

por el rápido perfeccionamiento de todos los instrumentos de producción

швидким удосконаленням всіх інструментів виробництва

por los medios de comunicación inmensamente facilitados

надзвичайно полегшеними засобами зв'язку

La burguesía atrae a todos (incluso a las naciones más bárbaras) a la civilización

Буржуазія втягує в цивілізацію всіх (навіть найбільш варварські нації)

Los precios baratos de sus mercancías; la artillería pesada que derriba todas las murallas chinas

Дешеві ціни на його товари; важка артилерія, яка руйнує всі китайські стіни

El odio intensamente obstinado de los bárbaros hacia los extranjeros se ve obligado a capitular

Гостро вперта ненависть варварів до іноземців змушена капітулювати

Obliga a todas las naciones, bajo pena de extinción, a adoptar el modo de producción burgués

Вона змушує всі народи під страхом зникнення прийняти буржуазний спосіб виробництва

los obliga a introducir lo que llama civilización en su seno

Вона змушує їх впроваджувати в своє середовище те, що вона називає цивілізацією

La burguesía obliga a los bárbaros a convertirse ellos mismos en burgueses

Буржуазія змушує варварів самим ставати буржуазією

en una palabra, la burguesía crea un mundo a su imagen y semejanza

одним словом, буржуазія створює світ за своїм образом і подобою

La burguesía ha sometido el campo al dominio de las ciudades

Буржуазія підпорядкувала сільську місцевість владі міст

Ha creado enormes ciudades y ha aumentado considerablemente la población urbana

Вона створила величезні міста і значно збільшила міське населення

Rescató a una parte considerable de la población de la idiotez de la vida rural

Вона врятувала значну частину населення від ідіотизму сільського життя

pero ha hecho que los del campo dependan de las ciudades

Але це зробило сільську місцевість залежною від міст

y asimismo, ha hecho que los países bárbaros dependan de los civilizados

І так само це зробило варварські країни залежними від цивілізованих

naciones de campesinos sobre naciones de la burguesía, el Este sobre el Oeste

нації селян на націях буржуазії, Схід на Заході

La burguesía suprime cada vez más el estado disperso de la población

Буржуазія все більше і більше знищує розпорошений стан населення

Ha aglomerado la producción y ha concentrado la propiedad en pocas manos

Вона має агломероване виробництво і сконцентрувала власність у кількох руках

La consecuencia necesaria de esto fue la centralización política

Необхідним наслідком цього стала політична централізація

Había habido naciones independientes y provincias poco conectadas

існували незалежні держави і слабо пов'язані між собою провінції

Tenían intereses, leyes, gobiernos y sistemas tributarios separados

У них були окремі інтереси, закони, уряди і системи оподаткування

pero se han agrupado en una sola nación, con un solo gobierno

Але вони об'єдналися в один народ з одним урядом

Ahora tienen un interés nacional de clase, una frontera y un arancel aduanero

Тепер вони мають один національний класовий інтерес, один кордон і один митний тариф

Y este interés nacional de clase está unificado bajo un solo código de leyes

І цей національний класовий інтерес об'єднаний в одному зводі законів

la burguesía ha logrado mucho durante su gobierno de apenas cien años

буржуазія багато чого досягла за час свого правління дефіцитних ста років

fuerzas productivas más masivas y colosales que todas las generaciones precedentes juntas

більш масивні і колосальні продуктивні сили, ніж всі попередні покоління разом узяті

Las fuerzas de la naturaleza están subyugadas a la voluntad del hombre y su maquinaria

Сили природи підпорядковані волі людини та її механізмів

La química se aplica a todas las formas de industria y tipos de agricultura

Хімія застосовується до всіх форм промисловості та видів сільського господарства

la navegación a vapor, los ferrocarriles, los telégrafos eléctricos y la imprenta

пароплавство, залізниці, електричний телеграф і друкарський верстат

desbroce de continentes enteros para el cultivo, canalización de ríos

розчищення цілих материків для обробітку, каналізування річок

Poblaciones enteras han sido sacadas de la tierra y puestas a trabajar

Цілі популяції були створені з-під землі і змушені працювати

¿Qué siglo anterior tuvo siquiera un presentimiento de lo que podría desencadenarse?

У якому попередньому столітті було передчуття того, що можна було розв'язати?

¿Quién predijo que tales fuerzas productivas dormitaban en el regazo del trabajo social?

Хто передбачив, що такі продуктивні сили дрімають на лоні суспільної праці?

Vemos, pues, que los medios de producción y de intercambio se generaban en la sociedad feudal

Отже, ми бачимо, що засоби виробництва і обміну створювалися у феодальному суспільстві

los medios de producción sobre cuyos cimientos se construyó la burguesía

засоби виробництва, на фундаменті яких будувалася буржуазія

En una determinada etapa del desarrollo de estos medios de producción y de intercambio

На певному етапі розвитку цих засобів виробництва і обміну

las condiciones bajo las cuales la sociedad feudal producía e intercambiaba

Умови, в яких феодальне суспільство виробляло і обмінювалося

La organización feudal de la agricultura y la industria manufacturera

Феодальна організація сільського господарства і обробної промисловості

Las relaciones feudales de propiedad ya no eran compatibles con las condiciones materiales

Феодальні відносини власності вже не були сумісні з матеріальними умовами

Tuvieron que ser reventados en pedazos, por lo que fueron reventados en pedazos

Їх треба було розірвати на шматки, тому вони були розірвані на шматки

En su lugar entró la libre competencia de las fuerzas productivas

На їх місце прийшла вільна конкуренція з боку продуктивних сил

y fueron acompañadas de una constitución social y política adaptada a ella

і супроводжувалися соціально-політичною конституцією, пристосованою до неї

y fue acompañado por el dominio económico y político de la burguesía

і це супроводжувалося економічним і політичним пануванням класу буржуазії

Un movimiento similar está ocurriendo ante nuestros propios ojos

Подібний рух відбувається на наших очах

La sociedad burguesa moderna con sus relaciones de producción, de intercambio y de propiedad

Сучасне буржуазне суспільство з його виробничими відносинами, обміном і власністю

una sociedad que ha conjurado medios de producción y de intercambio tan gigantescos

суспільство, яке створило такі гігантські засоби виробництва та обміну

Es como el hechicero que invocó los poderes del mundo inferior

Це схоже на чаклуна, який закликав сили нижнього світу

Pero ya no es capaz de controlar lo que ha traído al mundo

Але він більше не в змозі контролювати те, що приніс у світ

Durante muchas décadas, la historia pasada estuvo unida por un hilo conductor

Протягом багатьох десятиліть минуле історія була пов'язана спільною ниткою

La historia de la industria y del comercio no ha sido más que la historia de las revueltas

Історія промисловості і торгівлі була лише історією повстань

las revueltas de las fuerzas productivas modernas contra las condiciones modernas de producción

Повстання сучасних продуктивних сил проти сучасних умов виробництва

Las revueltas de las fuerzas productivas modernas contra las relaciones de propiedad

Повстання сучасних продуктивних сил проти відносин власності

estas relaciones de propiedad son las condiciones para la existencia de la burguesía

ці відносини власності є умовами існування буржуазії

y la existencia de la burguesía determina las reglas de las relaciones de propiedad

а існування буржуазії визначає правила відносин власності

Baste mencionar el retorno periódico de las crisis comerciales

Досить згадати про періодичне повернення комерційних криз

cada crisis comercial es más amenazante para la sociedad burguesa que la anterior

кожна комерційна криза є більш загрозливою для буржуазного суспільства, ніж попередня

En estas crisis se destruye gran parte de los productos existentes

У цих кризах значна частина існуючої продукції знищується

Pero estas crisis también destruyen las fuerzas productivas previamente creadas

Але ці кризи руйнують і раніше створені продуктивні сили

En todas las épocas anteriores, estas epidemias habrían parecido un absurdo

У всі попередні епохи ці епідемії здавалися б абсурдом

porque estas epidemias son las crisis comerciales de la sobreproducción

Тому що ці епідемії є комерційними кризами надмірного виробництва

De repente, la sociedad se encuentra de nuevo en un estado de barbarie momentánea

Суспільство раптом опиняється знову в стані миттєвого варварства

como si una guerra universal de devastación hubiera cortado todos los medios de subsistencia

неначе всесвітня спустошлива війна відрізала всі засоби до існування

la industria y el comercio parecen haber sido destruidos; ¿Y por qué?

промисловість і торгівля, здається, зруйновані; А чому?

Porque hay demasiada civilización y medios de subsistencia

Тому що занадто багато цивілізації і засобів до існування

y porque hay demasiada industria y demasiado comercio

I тому, що там занадто багато промисловості і занадто
багато торгівлі

**Las fuerzas productivas a disposición de la sociedad ya no
desarrollan la propiedad burguesa**

Продуктивні сили, що знаходяться в розпорядженні
суспільства, вже не розвивають буржуазну власність

**por el contrario, se han vuelto demasiado poderosos para
estas condiciones, por las cuales están encadenados**

Навпаки, вони стали занадто потужними для цих умов,
якими вони скуті

**tan pronto como superan estas cadenas, traen el desorden a
toda la sociedad burguesa**

як тільки вони долають ці кайдани, вони вносять безлад у
все буржуазне суспільство

**y las fuerzas productivas ponen en peligro la existencia de la
propiedad burguesa**

а продуктивні сили ставлять під загрозу існування
власності буржуазії

**Las condiciones de la sociedad burguesa son demasiado
estrechas para abarcar la riqueza creada por ellas**

Умови буржуазного суспільства занадто вузькі, щоб
охопити створене ними багатство

¿Y cómo supera la burguesía estas crisis?

I як буржуазія долає ці кризи?

**Por un lado, supera estas crisis mediante la destrucción
forzada de una masa de fuerzas productivas**

З одного боку, вона долає ці кризи шляхом
насильницького знищення маси продуктивних сил

**por otro lado, supera estas crisis mediante la conquista de
nuevos mercados**

З іншого боку, вона долає ці кризи шляхом завоювання
нових ринків

**y supera estas crisis mediante la explotación más completa
de las viejas fuerzas productivas**

І вона долає ці кризи шляхом більш ретельного використання старих виробничих сил

Es decir, allanando el camino para crisis más extensas y destructivas

Іншими словами, прокладаючи шлях до більш масштабних і руйнівних криз

supera la crisis disminuyendo los medios para prevenir las crisis

Вона долає кризу, зменшуючи засоби, за допомогою яких можна запобігти кризам

Las armas con las que la burguesía derribó el feudalismo se vuelven ahora contra sí misma

Зброя, якою буржуазія валила феодалізм дотла, тепер звернена проти неї самої

Pero la burguesía no sólo ha forjado las armas que le dan la muerte

Але буржуазія не тільки викувала зброю, яка несе собі смерть

También ha llamado a la existencia a los hombres que han de empuñar esas armas

Вона також покликала до життя людей, які мали володіти цією зброєю

Y estos hombres son la clase obrera moderna; Son los proletarios

І ці люди є сучасним робітничим класом; Це пролетарі

En la misma proporción en que se desarrolla la burguesía, en la misma proporción se desarrolla el proletariado

У тій мірі, в якій розвинена буржуазія, в такій же мірі розвинений пролетаріат

La clase obrera moderna desarrolló una clase de trabajadores

Сучасний робітничий клас сформував клас робітників

Esta clase de obreros vive sólo mientras encuentran trabajo

Цей клас робітників живе лише до тих пір, поки знаходить роботу

y sólo encuentran trabajo mientras su trabajo aumenta el capital

І вони знаходять роботу лише до тих пір, поки їх праця примножує капітал

Estos obreros, que deben venderse a destajo, son una mercancía

Ці робітники, які повинні продавати себе відрядно, є товаром

Estos obreros son como cualquier otro artículo de comercio

Ці робітники, як і будь-який інший предмет торгівлі

y, en consecuencia, están expuestos a todas las vicisitudes de la competencia

і, отже, вони піддаються всім мінливостям конкуренції

Tienen que capear todas las fluctuaciones del mercado

Їм доводиться витримувати всі коливання ринку

Debido al uso extensivo de maquinaria y a la división del trabajo

Завдяки широкому використанню машин і поділу праці

El trabajo de los proletarios ha perdido todo carácter individual

Праця пролетарів втратила будь-який індивідуальний характер

y, en consecuencia, el trabajo de los proletarios ha perdido todo encanto para el obrero

І, отже, праця пролетарів втратила будь-яку чарівність для робітника

Se convierte en un apéndice de la máquina, en lugar del hombre que una vez fue

Він стає придатком машини, а не людиною, якою він був колись

Sólo se requiere de él la habilidad más simple, monótona y más fácil de adquirir

Від нього вимагається тільки найпростіший, одноманітний і найлегше набувається хист

Por lo tanto, el costo de producción de un trabajador está restringido

Отже, вартість продукції робітника обмежена

se restringe casi por completo a los medios de subsistencia que necesita para su manutención

Вона майже повністю обмежена засобами існування, які йому потрібні для утримання

y se restringe a los medios de subsistencia que necesita para la propagación de su raza

і вона обмежена засобами до існування, які потрібні йому для розмноження свого роду

Pero el precio de una mercancía, y por lo tanto también del trabajo, es igual a su costo de producción

Але ціна товару, а отже, і праці, дорівнює собівартості його виробництва

Por lo tanto, a medida que aumenta la repulsividad del trabajo, disminuye el salario

Таким чином, пропорційно зі збільшенням відразливості роботи зменшується заробітна плата

Es más, la repulsión de su obra aumenta a un ritmo aún mayor

Ні, відразливість його творчості зростає ще більшими темпами

A medida que aumenta el uso de maquinaria y la división del trabajo, también lo hace la carga del trabajo

Зі збільшенням використання машин і поділу праці зростає і тягар важкої праці

La carga del trabajo se incrementa con la prolongación de las horas de trabajo

Тягар тяжкої праці збільшується за рахунок подовження робочого часу

Se espera más del obrero en el mismo tiempo que antes

Від робітника очікують більшого за той самий час, що й раніше

Y, por supuesto, la carga del trabajo aumenta por la velocidad de la maquinaria

І, звичайно ж, тягар важкої праці збільшується за рахунок швидкості машин

La industria moderna ha convertido el pequeño taller del amo patriarcal en la gran fábrica del capitalista industrial

Сучасна промисловість перетворила маленьку майстерню патріархального майстра на велику фабрику промислового капіталіста

Las masas de obreros, hacinados en la fábrica, están organizadas como soldados

Маси робітників, що скупчилися на фабриці, організовані, як солдати

Como soldados rasos del ejército industrial están bajo el mando de una jerarquía perfecta de oficiales y sargentos

Як рядові промислової армії, вони підпорядковуються досконалій ієрархії офіцерів і сержантів

no sólo son esclavos de la burguesía y del Estado

вони є не тільки рабами класу буржуазії і держави

pero también son esclavizados diariamente y cada hora por la máquina

Але вони також щодня і щогодини поневолені машиною

están esclavizados por el vigilante y, sobre todo, por el propio fabricante burgués

вони поневолені наглядачем і, перш за все, окремим буржуазним фабрикантом

Cuanto más abiertamente proclama este despotismo que la ganancia es su fin y su fin, tanto más mezquino, más odioso y más amargo es

Чим відвертіше цей деспотизм проголошує вигоду своєю метою і метою, чим дріб'язковіший, тим ненависніший і озлобленіший він

Cuanto más se desarrolla la industria moderna, menores son las diferencias entre los sexos

Чим більше розвивається сучасна промисловість, тим менше відмінностей між статями

Cuanto menor es la habilidad y el ejercicio de la fuerza implícitos en el trabajo manual, tanto más el trabajo de los hombres es reemplazado por el de las mujeres

Чим менше майстерність і напруга сили, притаманні ручній праці, тим більше праця чоловіків витісняється працею жінок

Las diferencias de edad y sexo ya no tienen ninguna validez social distintiva para la clase obrera

Відмінності у віці та статі більше не мають особливого соціального значення для робітничого класу

Todos son instrumentos de trabajo, más o menos costosos de usar, según su edad y sexo

Всі вони є знаряддями праці, більш-менш дорогими у використанні, відповідно до свого віку та статі

tan pronto como el obrero recibe su salario en efectivo, es atacado por las otras partes de la burguesía

як тільки робітник отримує свою платню готівкою, то його встановлюють інші частини буржуазії

el propietario, el tendero, el prestamista, etc

орендодавець, крамар, ломбард тощо

Los estratos más bajos de la clase media; los pequeños comerciantes y tenderos

Нижчі верстви середнього класу; дрібні торговці та крамарі

los comerciantes jubilados en general, y los artesanos y campesinos

ремісники-пенсіонери в цілому, а також ремісники і селяни

todo esto se hunde poco a poco en el proletariado

всі вони поступово занурюються в пролетаріат

en parte porque su minúsculo capital no basta para la escala en que se desarrolla la industria moderna

частково тому, що їх мініатюрного капіталу недостатньо для тих масштабів, в яких ведеться сучасна промисловість

y porque está inundada en la competencia con los grandes capitalistas

І тому, що вона загрузла в конкуренції з великими капіталістами

en parte porque sus habilidades especializadas se vuelven inútiles por los nuevos métodos de producción

Почасти тому, що нові методи виробництва знецінюють їхню спеціалізовану майстерність

De este modo, el proletariado es reclutado entre todas las clases de la población

Таким чином, пролетаріат набирається з усіх верств населення

El proletariado pasa por varias etapas de desarrollo

Пролетаріат проходить різні стадії розвитку

Con su nacimiento comienza su lucha con la burguesía

З його народженням починається боротьба з буржуазією

Al principio, la contienda es llevada a cabo por trabajadores individuales

Спочатку конкурс проводиться індивідуальними робітниками

Entonces el concurso es llevado a cabo por los obreros de una fábrica

Потім конкурс проводять робітники фабрики

Entonces la contienda es llevada a cabo por los operarios de un oficio, en una localidad

Потім конкурс проводять працівники одного промислу, в одному населеному пункті

y la contienda es entonces contra la burguesía individual que los explota directamente

і тоді змагання йде проти окремої буржуазії, яка безпосередньо їх експлуатує

No dirigen sus ataques contra las condiciones de producción de la burguesía

Вони спрямовують свої атаки не проти буржуазних умов виробництва

pero dirigen su ataque contra los propios instrumentos de producción

Але вони спрямовують свою атаку проти самих знарядь виробництва

destruyen mercancías importadas que compiten con su mano de obra

Вони знищують імпортні товари, які конкурують з їхньою працею

Hacen pedazos la maquinaria y prenden fuego a las fábricas

Вони розбивають на друзки техніку і підпалюють заводи

tratan de restaurar por la fuerza el estado desaparecido del obrero de la Edad Media

вони прагнуть силою відновити зниклий статус робітника Середньовіччя

En esta etapa, los obreros forman todavía una masa incoherente dispersa por todo el país

На цьому етапі робітники все ще утворюють незв'язну масу, розкидану по всій країні

y se rompen por su mutua competencia

І вони розбиті взаємною конкуренцією

Si en alguna parte se unen para formar cuerpos más compactos, esto no es todavía la consecuencia de su propia unión activa

Якщо де-небудь вони об'єднуються, утворюючи більш компактні тіла, то це ще не є наслідком їх власного активного об'єднання

pero es una consecuencia de la unión de la burguesía, para alcanzar sus propios fines políticos

але вона є наслідком об'єднання буржуазії для досягнення її власних політичних цілей

la burguesía se ve obligada a poner en movimiento a todo el proletariado

буржуазія змушена привести в рух весь пролетаріат

y además, por un momento, la burguesía es capaz de hacerlo

і більше того, на деякий час буржуазія здатна це зробити

Por lo tanto, en esta etapa, los proletarios no luchan contra sus enemigos

Тому на цьому етапі пролетарі не борються зі своїми ворогами

sino que están luchando contra los enemigos de sus enemigos

Але замість цього вони борються з ворогами своїх ворогів

la lucha contra los restos de la monarquía absoluta y los terratenientes

боротьба із залишками абсолютної монархії і поміщиками

luchan contra la burguesía no industrial; la pequeña burguesía

вони борються з непромисловою буржуазією; дрібна буржуазія

De este modo, todo el movimiento histórico se concentra en manos de la burguesía

Таким чином, весь історичний рух зосереджений в руках буржуазії

cada victoria así obtenida es una victoria para la burguesía

кожна здобута таким чином перемога є перемогою буржуазії

Pero con el desarrollo de la industria, el proletariado no sólo aumenta en número

Але з розвитком промисловості пролетаріат не тільки збільшується в чисельності

el proletariado se concentra en grandes masas y su fuerza crece

Пролетаріат концентрується у великих масах, і його сила зростає

y el proletariado siente cada vez más esa fuerza

і пролетаріат все більше і більше відчуває цю силу

Los diversos intereses y condiciones de vida en las filas del proletariado se igualan cada vez más

Різні інтереси і умови життя в рядах пролетаріату все більше зрівнюються

se vuelven más proporcionales a medida que la maquinaria borra todas las distinciones de trabajo

Вони стають все більш пропорційними в міру того, як машини стирають всі відмінності в праці

y la maquinaria reduce los salarios al mismo nivel bajo en casi todas partes

І машинобудування майже повсюдно знижує заробітну плату до такого ж низького рівня

La creciente competencia entre la burguesía, y las crisis comerciales resultantes, hacen que los salarios de los obreros sean cada vez más fluctuantes

Зростаюча конкуренція серед буржуазії і пов'язані з нею комерційні кризи призводять до того, що заробітна плата робітників стає все більш коливається

La mejora incesante de la maquinaria, que se desarrolla cada vez más rápidamente, hace que sus medios de vida sean cada vez más precarios

Невпинне вдосконалення машин, що все швидше розвивається, робить їх існування все більш і більш нестабільним

los choques entre obreros individuales y burgueses individuales toman cada vez más el carácter de choques entre dos clases

зіткнення між окремими робітниками і окремою буржуазією все більше і більше набувають характеру зіткнень між двома класами

A partir de ese momento, los obreros comienzan a formar uniones (sindicatos) contra la burguesía

Після цього робітники починають створювати об'єднання (профспілки) проти буржуазії

se agrupan para mantener el ritmo de los salarios

Вони об'єднуються, щоб підтримувати рівень заробітної плати

Fundaron asociaciones permanentes para hacer frente de antemano a estas revueltas ocasionales

Вони заснували постійні об'єднання, щоб заздалегідь подбати про ці випадкові повстання

Aquí y allá la contienda estalla en disturbios

То тут, то там змагання переростає в заворушення

De vez en cuando los obreros salen victoriosos, pero sólo por un tiempo

Час від часу робітники перемагають, але лише на деякий час

El verdadero fruto de sus batallas no reside en el resultado inmediato, sino en la unión cada vez mayor de los trabajadores

Справжні плоди їх боротьби полягають не в негайному результаті, а в постійно зростаючій профспілці робітників

Esta unión se ve favorecida por la mejora de los medios de comunicación creados por la industria moderna

Цьому союзу сприяють удосконалені засоби зв'язку, створені сучасною промисловістю

La comunicación moderna pone en contacto a los trabajadores de diferentes localidades

Сучасний зв'язок змушує працівників різних населених пунктів контактувати один з одним

Era precisamente este contacto el que se necesitaba para centralizar las numerosas luchas locales en una lucha nacional entre clases

Саме цей контакт був потрібен, щоб централізувати численні місцеві змагання в єдину національну боротьбу між класами

Todas estas luchas tienen el mismo carácter, y toda lucha de clases es una lucha política

Всі ці види боротьби мають однаковий характер, і будь-яка класова боротьба є політичною боротьбою

los burgueses de la Edad Media, con sus miserables carreteras, necesitaron siglos para formar sus uniones

міщани середньовіччя з їхніми жалюгідними магістралями потребували століть, щоб утворити свої союзи

Los proletarios modernos, gracias a los ferrocarriles, logran sus sindicatos en pocos años

Сучасні пролетарі, завдяки залізницям, досягають своїх союзів протягом декількох років

Esta organización de los proletarios en una clase los formó, por consiguiente, en un partido político

Ця організація пролетарів у клас згодом сформувала з них політичну партію

La clase política se ve continuamente molesta por la competencia entre los propios trabajadores

Політичний клас знову засмучує конкуренція між самими робітниками

Pero la clase política sigue levantándose de nuevo, más fuerte, más firme, más poderosa

Але політичний клас продовжує підніматися знову, сильніше, міцніше, могутніше

Obliga al reconocimiento legislativo de los intereses particulares de los trabajadores

Це змушує законодавчо визнавати особливі інтереси трудящих

lo hace aprovechándose de las divisiones en el seno de la propia burguesía

вона робить це, користуючись розбіжностями між самою буржуазією

De este modo, el proyecto de ley de las diez horas en Inglaterra se convirtió en ley

Таким чином, в Англії був прийнятий законопроект про 10 годин

en muchos sentidos, las colisiones entre las clases de la vieja sociedad son, además, el curso del desarrollo del proletariado

багато в чому зіткнення між класами старого суспільства є подальшим ходом розвитку пролетаріату

La burguesía se ve envuelta en una batalla constante

Буржуазія виявляється втягнутою в постійну боротьбу

Al principio se verá envuelto en una batalla constante con la aristocracia

Спочатку вона виявиться втягнутою в постійну боротьбу з аристократією

más tarde se verá envuelta en una batalla constante con esas partes de la propia burguesía

пізніше вона виявиться втягнутою в постійну боротьбу з тими частинами самої буржуазії

y sus intereses se habrán vuelto antagónicos al progreso de la industria

і їхні інтереси стануть антагоністичними до прогресу промисловості

en todo momento, sus intereses se habrán vuelto antagónicos con la burguesía de los países extranjeros

У всі часи їхні інтереси ставали антагоністичними з буржуазією чужих країн

En todas estas batallas se ve obligado a apelar al proletariado y pide su ayuda

У всіх цих битвах вона вважає себе змушеною звернутися до пролетаріату і просить його допомоги

y, por lo tanto, se sentirá obligado a arrastrarlo a la arena política

І таким чином вона відчує себе змушеною витягнути її на політичну арену

La burguesía misma, por lo tanto, suministra al proletariado sus propios instrumentos de educación política y general

Буржуазія, таким чином, постачає пролетаріат власними знаряддями політичного і загального виховання

en otras palabras, suministra al proletariado armas para luchar contra la burguesía

іншими словами, вона постачає пролетаріат зброєю для боротьби з буржуазією

Además, como ya hemos visto, sectores enteros de las clases dominantes se precipitan en el proletariado

Далі, як ми вже бачили, цілі верстви правлячих класів витісняються в пролетаріат

el avance de la industria los absorbe en el proletariado

розвиток промисловості засмоктує їх у пролетаріат

o, al menos, están amenazados en sus condiciones de existencia

або, принаймні, їм загрожує небезпека в умовах свого
існування

**Estos también suministran al proletariado nuevos elementos
de ilustración y progreso**

Вони також постачають пролетаріат свіжими елементами
просвітництва і прогресу

**Finalmente, en momentos en que la lucha de clases se acerca
a la hora decisiva**

Нарешті, в часи, коли класова боротьба наближається до
вирішальної години

**el proceso de disolución que se está llevando a cabo en el
seno de la clase dominante**

процес розпаду, що відбувається всередині правлячого
класу

**De hecho, la disolución que se está produciendo en el seno
de la clase dominante se sentirá en toda la sociedad**

Фактично розпад, що відбувається всередині правлячого
класу, буде відчутний у всьому суспільстві

**Tomará un carácter tan violento y deslumbrante, que un
pequeño sector de la clase dominante se quedará a la deriva**

Вона набуде такого жорстокого, кричущого характеру, що
невелика частина правлячого класу відірветься від неї

y esa clase dominante se unirá a la clase revolucionaria

І цей правлячий клас приєднається до революційного
класу

**La clase revolucionaria es la clase que tiene el futuro en sus
manos**

Революційний клас - це клас, який тримає майбутнє в
своїх руках

**Al igual que en un período anterior, una parte de la nobleza
se pasó a la burguesía**

Так само, як і в більш ранній період, частина дворянства
перейшла до буржуазії

**de la misma manera que una parte de la burguesía se pasará
al proletariado**

так само частина буржуазії перейде до пролетаріату

en particular, una parte de la burguesía pasará a una parte de los ideólogos de la burguesía

зокрема, частина буржуазії перейде до частини ідеологів буржуазії

Ideólogos burgueses que se han elevado al nivel de comprender teóricamente el movimiento histórico en su conjunto

ідеологи буржуазії, які піднялися до рівня теоретичного осмислення історичного руху в цілому

De todas las clases que hoy se encuentran frente a frente con la burguesía, sólo el proletariado es una clase realmente revolucionaria

З усіх класів, які стоять сьогодні віч-на-віч з буржуазією, тільки пролетаріат є справді революційним класом

Las otras clases decaen y finalmente desaparecen frente a la industria moderna

Інші класи занепадають і, нарешті, зникають перед обличчям сучасної промисловості

el proletariado es su producto especial y esencial

Пролетаріат є його особливим і необхідним продуктом

La clase media baja, el pequeño fabricante, el tendero, el artesano, el campesino

Нижчий середній клас, дрібний фабрикант, крамар, ремісник, селянин

todos ellos luchan contra la burguesía

всі вони борються з буржуазією

Luchan como fracciones de la clase media para salvarse de la extinción

Вони борються як фракції середнього класу, щоб врятувати себе від вимирання

Por lo tanto, no son revolucionarios, sino conservadores

Тому вони не революційні, а консервативні

Más aún, son reaccionarios, porque tratan de hacer retroceder la rueda de la historia

Більше того, вони реакційні, бо намагаються відкотити колесо історії назад

Si por casualidad son revolucionarios, lo son sólo en vista de su inminente transferencia al proletariado

Якщо випадково вони революційні, то тільки з огляду на майбутній перехід до пролетаріату

Por lo tanto, no defienden sus intereses presentes, sino sus intereses futuros

Таким чином, вони захищають не свої теперішні, а майбутні інтереси

abandonan su propio punto de vista para situarse en el del proletariado

вони відмовляються від власної точки зору, щоб поставити себе на позицію пролетаріату

La "clase peligrosa", la escoria social, esa masa pasivamente putrefacta arrojada por las capas más bajas de la vieja sociedad

«Небезпечний клас», соціальні покидьки, ця пасивно гниюча маса, скинута найнижчими верствами старого суспільства

pueden, aquí y allá, ser arrastrados al movimiento por una revolución proletaria

То тут, то там вони можуть бути втягнуті в рух пролетарською революцією

Sus condiciones de vida, sin embargo, la preparan mucho más para el papel de un instrumento sobornado de la intriga reaccionaria

Однак умови її життя набагато більше готують її до ролі підкупленого знаряддя реакційних інтриг

En las condiciones del proletariado, los de la vieja sociedad en general están ya virtualmente desbordados

В умовах пролетаріату старе суспільство в цілому вже практично затоплене

El proletario carece de propiedad

Пролетар без власності

su relación con su mujer y sus hijos ya no tiene nada en común con las relaciones familiares de la burguesía

його стосунки з дружиною і дітьми вже не мають нічого спільного з родинними стосунками буржуазії

el trabajo industrial moderno, el sometimiento moderno al capital, lo mismo en Inglaterra que en Francia, en Estados Unidos como en Alemania

сучасна індустріальна праця, сучасне підпорядкування капіталу, те ж саме в Англії, як у Франції, так і в Америці, як і в Німеччині

Su condición en la sociedad lo ha despojado de todo rastro de carácter nacional

Його становище в суспільстві позбавило його будь-яких слідів національного характеру

El derecho, la moral, la religión, son para él otros tantos prejuicios burgueses

Право, мораль, релігія є для нього багатьма буржуазними забобонами

y detrás de estos prejuicios acechan emboscados otros tantos intereses burgueses

і за цими забобонами ховаються в засідці так само, як і за інтересами буржуазії

Todas las clases precedentes que se impusieron trataron de fortalecer su estatus ya adquirido

Всі попередні класи, які взяли гору, прагнули зміцнити свій вже набутий статус

Lo hicieron sometiendo a la sociedad en general a sus condiciones de apropiación

Вони робили це, підкоряючи суспільство в цілому своїм умовам привласнення

Los proletarios no pueden llegar a ser dueños de las fuerzas productivas de la sociedad

Пролетарі не можуть стати господарями продуктивних сил суспільства

sólo puede hacerlo aboliendo su propio modo anterior de apropiación

Вона може зробити це, лише скасувавши свій власний попередній спосіб привласнення

y, por lo tanto, también suprime cualquier otro modo anterior de apropiación

і тим самим скасовує будь-який інший попередній спосіб привласнення

No tienen nada propio que asegurar y fortificar

У них немає нічого свого, щоб забезпечити і зміцнити

Su misión es destruir todos los valores y seguros anteriores de la propiedad individual

Їхня місія полягає в тому, щоб знищити всі попередні цінні папери та страхування індивідуального майна

Todos los movimientos históricos anteriores fueron movimientos de minorías

Всі попередні історичні рухи були рухами меншин

o eran movimientos en interés de las minorías

або це були рухи в інтересах меншин

El movimiento proletario es el movimiento consciente e independiente de la inmensa mayoría

Пролетарський рух - це самосвідомий, незалежний рух величезної більшості

Y es un movimiento en interés de la inmensa mayoría

І це рух в інтересах величезної більшості

El proletariado, el estrato más bajo de nuestra sociedad actual

Пролетаріат, найнижчий прошарок сучасного суспільства

no puede agitarse ni elevarse sin que todos los estratos superiores de la sociedad oficial salgan al aire

Вона не може здійнятися чи піднятися без того, щоб у повітря не піднялися всі надрівні верстви офіційного суспільства

Aunque no en el fondo, sí en la forma, la lucha del proletariado con la burguesía es, al principio, una lucha nacional

Хоч і не по суті, але за формою, боротьба пролетаріату з буржуазією спочатку є національною боротьбою

El proletariado de cada país debe, por supuesto, en primer lugar arreglar las cosas con su propia burguesía

Пролетаріат кожної країни повинен, звичайно, перш за все залагоджувати справи зі своєю буржуазією

Al describir las fases más generales del desarrollo del proletariado, hemos trazado la guerra civil más o menos velada

Зображуючи найзагальніші фази розвитку пролетаріату, ми простежували більш-менш завуальовану громадянську війну

Este civil está haciendo estragos dentro de la sociedad existente

Ця громадянська вирує в існуючому суспільстві

Se enfurecerá hasta el punto en que esa guerra estalle en una revolución abierta

Вона лютуватиме до того моменту, поки ця війна не переросте у відкриту революцію

y luego el derrocamiento violento de la burguesía sienta las bases para el dominio del proletariado

і тоді насильницьке повалення буржуазії закладає основу для панування пролетаріату

Hasta ahora, todas las formas de sociedad se han basado, como ya hemos visto, en el antagonismo de las clases opresoras y oprimidas

Досі будь-яка форма суспільства ґрунтувалася, як ми вже бачили, на антагонізмі пригноблених і пригноблених класів

Pero para oprimir a una clase, hay que asegurarle ciertas condiciones

Але для того, щоб пригнобити клас, йому повинні бути забезпечені певні умови

La clase debe ser mantenida en condiciones en las que pueda, por lo menos, continuar su existencia servil

Клас повинен утримуватися в умовах, в яких він може принаймні продовжувати своє рабське існування

El siervo, en el período de la servidumbre, se elevaba a la comuna

Кріпак в період кріпацтва піднявся до членства в комуні

del mismo modo que la pequeña burguesía, bajo el yugo del absolutismo feudal, logró convertirse en burguesía

так само, як дрібна буржуазія під гнітом феодального абсолютизму зуміла перетворитися на буржуазію

El obrero moderno, por el contrario, en lugar de elevarse con el progreso de la industria, se hunde cada vez más

Сучасний робітник, навпаки, замість того, щоб підніматися разом з прогресом промисловості, занурюється все глибше і глибше

se hunde por debajo de las condiciones de existencia de su propia clase

Він опускається нижче умов існування власного класу

Se convierte en un indigente, y el pauperismo se desarrolla más rápidamente que la población y la riqueza

Він стає жебраком, і пауперизм розвивається швидше, ніж населення і багатство

Y aquí se hace evidente que la burguesía ya no es apta para ser la clase dominante de la sociedad

І тут стає очевидним, що буржуазія вже непридатна для того, щоб бути панівним класом у суспільстві

y no es apta para imponer sus condiciones de existencia a la sociedad como una ley imperativa

І він непридатний нав'язувати суспільству свої умови існування як найвищий закон

Es incapaz de gobernar porque es incapaz de asegurar una existencia a su esclavo dentro de su esclavitud

Вона непридатна до правління, тому що вона неспроможна забезпечити існування своєму рабові в його рабстві

porque no puede evitar dejarlo hundirse en tal estado, que tiene que alimentarlo, en lugar de ser alimentado por él

Тому що вона не може не допустити, щоб вона занурилася в такий стан, що вона повинна її годувати, а не годувати нею

La sociedad ya no puede vivir bajo esta burguesía

Суспільство вже не може жити під владою цієї буржуазії

En otras palabras, su existencia ya no es compatible con la sociedad

Іншими словами, його існування вже не сумісне з суспільством

La condición esencial para la existencia y el dominio de la burguesía es la formación y el aumento del capital

Необхідною умовою існування і панування класу буржуазії є формування і примноження капіталу

La condición del capital es el trabajo asalariado

Умовою капіталу є наймана праця

El trabajo asalariado se basa exclusivamente en la competencia entre los trabajadores

Наймана праця ґрунтується виключно на конкуренції між робітниками

El avance de la industria, cuyo promotor involuntario es la burguesía, sustituye al aislamiento de los obreros

Прогрес промисловості, мимовільним поштовхом якої є буржуазія, замінює ізоляцію робітників

por la competencia, por su combinación revolucionaria, por la asociación

завдяки конкуренції, завдяки їх революційному поєднанню, завдяки асоціаціям

El desarrollo de la industria moderna corta bajo sus pies los cimientos mismos sobre los cuales la burguesía produce y se apropia de los productos

Розвиток сучасної промисловості вириває з-під ніг той самий фундамент, на якому буржуазія виробляє і привласнює продукцію

Lo que la burguesía produce, sobre todo, son sus propios sepultureros

Буржуазія виробляє, перш за все, власних могильників

La caída de la burguesía y la victoria del proletariado son igualmente inevitables

Падіння буржуазії і перемога пролетаріату однаково неминучі

Proletarios y comunistas
Пролетарі і комуністи

¿Qué relación tienen los comunistas con el conjunto de los proletarios?

У якому відношенні комуністи ставляться до пролетарів в цілому?

Los comunistas no forman un partido separado opuesto a otros partidos de la clase obrera

Комуністи не утворюють окремої партії, що протистоїть іншим партіям робітничого класу

No tienen intereses separados y aparte de los del proletariado en su conjunto

У них немає інтересів, відокремлених і відокремлених від інтересів пролетаріату в цілому

No establecen ningún principio sectario propio, con el cual dar forma y moldear el movimiento proletario

Вони не встановлюють жодних власних сектантських принципів, за допомогою яких можна було б формувати і формувати пролетарський рух

Los comunistas se distinguen de los demás partidos obreros sólo por dos cosas

Комуністів відрізняють від інших робітничих партій лише дві речі

En primer lugar, señalan y ponen en primer plano los intereses comunes de todo el proletariado, independientemente de toda nacionalidad

По-перше, вони вказують і виносять на перший план спільні інтереси всього пролетаріату, незалежно від будь-якої національності

Esto lo hacen en las luchas nacionales de los proletarios de los diferentes países

Це вони роблять у національній боротьбі пролетарів різних країн

En segundo lugar, siempre y en todas partes representan los intereses del movimiento en su conjunto

По-друге, вони завжди і скрізь представляють інтереси руху в цілому

esto lo hacen en las diversas etapas de desarrollo por las que tiene que pasar la lucha de la clase obrera contra la burguesía

це вони роблять на різних стадіях розвитку, через які повинна пройти боротьба робітничого класу проти буржуазії

Los comunistas son, por lo tanto, por una parte, prácticamente, el sector más avanzado y resuelto de los partidos obreros de todos los países

Таким чином, комуністи, з одного боку, практично є найбільш розвиненою і рішучою частиною робітничих партій будь-якої країни

Son ese sector de la clase obrera que empuja hacia adelante a todos los demás

Вони є тією частиною робітничого класу, яка виштовхує вперед всіх інших

Teóricamente, también tienen la ventaja de entender claramente la línea de marcha

Теоретично вони також мають перевагу в тому, що чітко розуміють лінію маршу

Esto lo comprenden mejor comparado con la gran masa del proletariado

Це вони розуміють краще в порівнянні з величезною масою пролетаріату

Comprenden las condiciones y los resultados generales finales del movimiento proletario

Вони розуміють умови і кінцеві загальні результати пролетарського руху

El objetivo inmediato del comunista es el mismo que el de todos los demás partidos proletarios

Безпосередня мета комуністичної партії така ж, як і всіх інших пролетарських партій

Su objetivo es la formación del proletariado en una clase

Їх мета - формування пролетаріату в клас

su objetivo es derrocar la supremacía burguesa

вони мають на меті повалити панування буржуазії

la lucha por la conquista del poder político por el proletariado

прагнення до завоювання політичної влади пролетаріатом

Las conclusiones teóricas de los comunistas no se basan en modo alguno en ideas o principios de reformadores

Теоретичні висновки комуністів жодним чином не ґрунтуються на ідеях чи принципах реформаторів

no fueron los aspirantes a reformadores universales los que inventaron o descubrieron las conclusiones teóricas de los comunistas

не майбутні універсальні реформатори винайшли і не відкрили теоретичні висновки комуністів

Se limitan a expresar, en términos generales, las relaciones reales que surgen de una lucha de clases existente

Вони лише в загальних рисах виражають дійсні відносини, що випливають з існуючої класової боротьби

Y describen el movimiento histórico que está ocurriendo ante nuestros propios ojos y que ha creado esta lucha de clases

І вони описують історичний рух, що відбувався на наших очах і породив цю класову боротьбу

La abolición de las relaciones de propiedad existentes no es en absoluto un rasgo distintivo del comunismo

Скасування існуючих відносин власності зовсім не є відмінною рисою комунізму

Todas las relaciones de propiedad en el pasado han estado continuamente sujetas a cambios históricos

Всі відносини власності в минулому постійно піддавалися історичним змінам

y estos cambios fueron consecuencia del cambio en las condiciones históricas

І ці зміни були наслідком зміни історичних умов

La Revolución Francesa, por ejemplo, abolió la propiedad feudal en favor de la propiedad burguesa

Французька революція, наприклад, скасувала феодальну власність на користь власності буржуазії

El rasgo distintivo del comunismo no es la abolición de la propiedad, en general

Відмінною рисою комунізму є не знищення власності в цілому

pero el rasgo distintivo del comunismo es la abolición de la propiedad burguesa

але відмінною рисою комунізму є скасування буржуазної власності

Pero la propiedad privada de la burguesía moderna es la expresión última y más completa del sistema de producción y apropiación de productos

Але сучасна буржуазна приватна власність є остаточним і найбільш повним вираженням системи виробництва і привласнення продукції

Es el estado final de un sistema que se basa en los antagonismos de clase, donde el antagonismo de clase es la explotación de la mayoría por unos pocos

Це остаточний стан системи, заснованої на класових антагонізмах, де класовий антагонізм є експлуатацією багатьох небагатьма

En este sentido, la teoría de los comunistas puede resumirse en una sola frase; la abolición de la propiedad privada

У цьому сенсі теорію комуністів можна підсумувати одним реченням; Скасування приватної власності

A los comunistas se nos ha reprochado el deseo de abolir el derecho de adquirir personalmente la propiedad

Нам, комуністам, дорікали бажанням скасувати право особисто набувати власність

Se afirma que esta propiedad es el fruto del propio trabajo de un hombre

Стверджується, що ця власність є плодом власної праці людини

y se alega que esta propiedad es la base de toda libertad, actividad e independencia personal.

І ця власність нібито є основою всієї особистої свободи, активності та незалежності.

"¡Propiedad ganada con esfuerzo, adquirida por uno mismo, ganada por uno mismo!"

«Важко завойоване, власноруч нажите майно!»

¿Te refieres a la propiedad del pequeño artesano y del pequeño campesino?

Ви маєте на увазі майно дрібного ремісника і дрібного селянина?

¿Te refieres a una forma de propiedad que precedió a la forma burguesa?

Ви маєте на увазі форму власності, яка передувала буржуазній?

No hay necesidad de abolir eso, el desarrollo de la industria ya lo ha destruido en gran medida

Скасовувати це не потрібно, розвиток промисловості значною мірою вже зруйнував її

y el desarrollo de la industria sigue destruyéndola diariamente

А розвиток промисловості досі руйнує її щодня

¿O te refieres a la propiedad privada de la burguesía moderna?

Чи ви маєте на увазі сучасну буржуазію, приватну власність?

Pero, ¿crea el trabajo asalariado alguna propiedad para el trabajador?

Але чи створює наймана праця якусь власність для робітника?

¡No, el trabajo asalariado no crea ni una pizca de este tipo de propiedad!

Ні, наймана праця не створює ні крихти такої власності!

Lo que sí crea el trabajo asalariado es capital; ese tipo de propiedad que explota el trabajo asalariado

те, що створює наймана праця, є капіталом; Така власність, яка експлуатує найману працю

El capital no puede aumentar sino a condición de engendrar una nueva oferta de trabajo asalariado para una nueva explotación

Капітал не може зростати інакше, як за умови створення нової пропозиції найманої праці для нової експлуатації

La propiedad, en su forma actual, se basa en el antagonismo entre el capital y el trabajo asalariado

Власність в її нинішньому вигляді заснована на антагонізмі капіталу і найманої праці

Examinemos los dos lados de este antagonismo

Розглянемо обидві сторони цього антагонізму

Ser capitalista es tener no sólo un estatus puramente personal

Бути капіталістом - значить мати не тільки суто особистий статус

En cambio, ser capitalista es también tener un estatus social en la producción

Натомість, бути капіталістом означає також мати соціальний статус у виробництві

porque el capital es un producto colectivo; Sólo mediante la acción unida de muchos miembros puede ponerse en marcha

тому що капітал є колективним продуктом; Тільки спільними діями багатьох членів вона може бути приведена в рух

Pero esta acción unida es el último recurso, y en realidad requiere de todos los miembros de la sociedad

Але ця об'єднана дія є крайнім заходом і фактично вимагає всіх членів суспільства

El capital se convierte en propiedad de todos los miembros de la sociedad

Капітал перетворюється на власність усіх членів суспільства

pero el Capital no es, por lo tanto, un poder personal; Es un poder social

але Капітал, отже, не є особистою силою; Це соціальна сила

Así, cuando el capital se convierte en propiedad social, la propiedad personal no se transforma en propiedad social

Отже, коли капітал перетворюється на суспільну власність, особиста власність тим самим не перетворюється на суспільну власність

Lo único que cambia es el carácter social de la propiedad y pierde su carácter de clase

Змінюється лише соціальний характер власності, яка втрачає свій класовий характер

Veamos ahora el trabajo asalariado

Розглянемо тепер найману працю

El precio medio del trabajo asalariado es el salario mínimo, es decir, la cantidad de medios de subsistencia

Середня ціна найманої праці - це мінімальна заробітна плата, т. Е. Величина засобів існування

Este salario es absolutamente necesario en la mera existencia de un obrero

Ця заробітна плата абсолютно необхідна для існування робітника

Por lo tanto, lo que el asalariado se apropia por medio de su trabajo, sólo basta para prolongar y reproducir una existencia desnuda

Отже, того, що найманий робітник привласнює своєю працею, достатньо лише для того, щоб продовжити і відтворити голе існування

De ninguna manera pretendemos abolir esta apropiación personal de los productos del trabajo

Ми ні в якому разі не маємо наміру скасовувати це особисте привласнення продуктів праці

una apropiación que se hace para el mantenimiento y la reproducción de la vida humana

асигнування, яке робиться для підтримки та відтворення людського життя

Tal apropiación personal de los productos del trabajo no deja ningún excedente con el que ordenar el trabajo de otros

Таке особисте привласнення продуктів праці не залишає надлишку, за допомогою якого можна було б керувати працею інших

Lo único que queremos eliminar es el carácter miserable de esta apropiación

Все, що ми хочемо покінчити, це жалюгідний характер цього привласнення

la apropiación bajo la cual vive el obrero sólo para aumentar el capital

привласнення, за яким робітник живе лише для того, щоб примножити капітал

Sólo se le permite vivir en la medida en que lo exija el interés de la clase dominante

Йому дозволено жити лише в тій мірі, в якій цього вимагають інтереси правлячого класу

En la sociedad burguesa, el trabajo vivo no es más que un medio para aumentar el trabajo acumulado

У буржуазному суспільстві жива праця є лише засобом збільшення нагромадженої праці

En la sociedad comunista, el trabajo acumulado no es más que un medio para ampliar, para enriquecer y para promover la existencia del obrero

У комуністичному суспільстві нагромаджена праця є лише засобом розширення, збагачення, сприяння існуванню робітника

En la sociedad burguesa, por lo tanto, el pasado domina al presente

Тому в буржуазному суспільстві минуле домінує над сьогоденням

en la sociedad comunista el presente domina al pasado

в комуністичному суспільстві сьогодення домінує над минулим

En la sociedad burguesa el capital es independiente y tiene individualidad

У буржуазному суспільстві капітал незалежний і має індивідуальність

En la sociedad burguesa la persona viva es dependiente y no tiene individualidad

У буржуазному суспільстві жива людина залежна і не має індивідуальності

¡Y la abolición de este estado de cosas es llamada por la burguesía, abolición de la individualidad y de la libertad!

І скасування такого стану речей буржуазія називає скасуванням індивідуальності і свободи!

¡Y con razón se llama la abolición de la individualidad y de la libertad!

І це по праву називають скасуванням індивідуальності і свободи!

El comunismo aspira a la abolición de la individualidad burguesa

Комунізм прагне знищити буржуазну індивідуальність

El comunismo pretende la abolición de la independencia burguesa

Комунізм має намір скасувати незалежність буржуазії

La libertad burguesa es, sin duda, a lo que aspira el comunismo

Свобода буржуазії, безсумнівно, є тим, до чого прагне комунізм

en las actuales condiciones de producción de la burguesía, la libertad significa libre comercio, libre venta y compra

в сучасних умовах виробництва буржуазії свобода означає вільну торгівлю, вільний продаж і купівлю

Pero si desaparece la venta y la compra, también desaparece la libre venta y la compra

Але якщо зникає продаж і купівля, зникає і вільний продаж і купівля

Las "palabras valientes" de la burguesía sobre la libre venta y compra sólo tienen sentido en un sentido limitado

«Сміливі слова» буржуазії про вільну купівлю мають значення лише в обмеженому значенні

Estas palabras tienen significado solo en contraste con la venta y la compra restringidas

Ці слова мають значення лише на відміну від обмеженого продажу та купівлі

y estas palabras sólo tienen sentido cuando se aplican a los comerciantes encadenados de la Edad Media

і ці слова мають значення лише тоді, коли застосовуються до закутих у кайдани торговців Середньовіччя

y eso supone que estas palabras incluso tienen un significado en un sentido burgués

і це припускає, що ці слова навіть мають значення в буржуазному сенсі

pero estas palabras no tienen ningún significado cuando se usan para oponerse a la abolición comunista de la compra y venta

але ці слова не мають ніякого значення, коли вони використовуються для протистояння комуністичному скасуванню купівлі-продажу

las palabras no tienen sentido cuando se usan para oponerse a la abolición de las condiciones de producción de la burguesía

ці слова не мають ніякого значення, коли вони використовуються для протистояння скасуванню буржуазних умов виробництва

y no tienen ningún sentido cuando se utilizan para oponerse a la abolición de la propia burguesía

і вони не мають ніякого сенсу, коли використовуються для того, щоб виступити проти скасування самої буржуазії

Ustedes están horrorizados de nuestra intención de acabar con la propiedad privada

Ви в жаху від того, що ми маємо намір покінчити з приватною власністю

Pero en la sociedad actual, la propiedad privada ya ha sido eliminada para las nueve décimas partes de la población

Але в нинішньому суспільстві з приватною власністю вже покінчено дев'ять десятих населення

La existencia de la propiedad privada para unos pocos se debe únicamente a su inexistencia en manos de las nueve décimas partes de la población

Існування приватної власності для небагатьох пов'язане виключно з її відсутністю в руках дев'яти десятих населення

Por lo tanto, nos reprochas que pretendamos acabar con una forma de propiedad

Отже, ви дорікаєте нам у тому, що ми маємо намір покінчити з якоюсь власністю

Pero la propiedad privada requiere la inexistencia de propiedad alguna para la inmensa mayoría de la sociedad

Але приватна власність зумовлює необхідність відсутності будь-якої власності для переважної більшості суспільства

En una palabra, nos reprochas que pretendamos acabar con tu propiedad

Одним словом, ви дорікаєте нам у тому, що ми маємо намір покінчити з вашим майном

Y es precisamente así; prescindir de su propiedad es justo lo que pretendemos

І це саме так; Покінчити з вашим Майном – це саме те, що ми маємо намір

Desde el momento en que el trabajo ya no puede convertirse en capital, dinero o renta

З того моменту, коли праця вже не може бути перетворена ні в капітал, ні в гроші, ні в ренту

cuando el trabajo ya no puede convertirse en un poder social capaz de ser monopolizado

коли праця вже не може бути перетворена на соціальну силу, здатну до монополізації

desde el momento en que la propiedad individual ya no puede transformarse en propiedad burguesa

з того моменту, коли індивідуальна власність вже не може бути перетворена на власність буржуазії

desde el momento en que la propiedad individual ya no puede transformarse en capital

з того моменту, коли індивідуальна власність вже не може
бути перетворена в капітал

**A partir de ese momento, dices que la individualidad se
desvanece**

З цього моменту ви говорите, що індивідуальність зникає

**Debéis confesar, pues, que por "individuo" no os referimos a
otra persona que a la burguesía**

Отже, ви повинні визнати, що під словом «індивідуум» ви
маєте на увазі не що інше, як буржуазію

**Debes confesar que se refiere específicamente al propietario
de una propiedad de clase media**

Погодьтеся, йдеться саме про власника майна середнього
класу

**Esta persona debe, en verdad, ser barrida del camino, y
hecha imposible**

Справді, цю людину треба змести з дороги і зробити
неможливою

**El comunismo no priva a ningún hombre del poder de
apropiarse de los productos de la sociedad**

Комунізм не позбавляє жодну людину можливості
привласнювати продукти суспільства

**todo lo que hace el comunismo es privarlo del poder de
subyugar el trabajo de otros por medio de tal apropiación**

все, що робить комунізм, це позбавляє його можливості
підкоряти собі чужу працю за допомогою такого
привласнення

**Se ha objetado que, tras la abolición de la propiedad
privada, cesará todo trabajo**

Було висловлено заперечення, що після скасування
приватної власності будь-яка робота припиниться

**y entonces se sugiere que la pereza universal se apoderará de
nosotros**

І тоді висловлюється припущення, що нас наздожене
загальна лінь

**De acuerdo con esto, la sociedad burguesa debería haber ido
hace mucho tiempo a los perros por pura ociosidad**

Згідно з цим, буржуазне суспільство вже давно повинно було піти на собак через суцільне неробство

porque los de sus miembros que trabajan, no adquieren nada

Тому що ті з її членів, які працюють, нічого не набувають

y los de sus miembros que adquieren algo, no trabajan

А ті з її членів, які щось набувають, не працюють

Toda esta objeción no es más que otra expresión de la tautología

Все це заперечення є лише ще одним виразом тавтології

Ya no puede haber trabajo asalariado cuando ya no hay capital

Більше не може бути ніякої найманої праці, коли вже немає капіталу

No hay diferencia entre los productos materiales y los productos mentales

Немає різниці між матеріальними і ментальними продуктами

El comunismo propone que ambos se producen de la misma manera

Комунізм припускає, що і те, і інше виробляється однаково

pero las objeciones contra los modos comunistas de producirlos son las mismas

але заперечення проти комуністичних способів їх виробництва ті самі

para la burguesía, la desaparición de la propiedad de clase es la desaparición de la producción misma

для буржуазії зникнення класової власності - це зникнення самого виробництва

De modo que la desaparición de la cultura de clase es para él idéntica a la desaparición de toda cultura

Отже, зникнення класової культури для нього тотожне зникненню всієї культури

Esa cultura, cuya pérdida lamenta, es para la inmensa mayoría un mero entrenamiento para actuar como una máquina

Ця культура, втрата якої він оплакує, для переважної більшості є простим навчанням діяти як машина

Los comunistas tienen la firme intención de abolir la cultura de la propiedad burguesa

Комуністи мають намір знищити культуру буржуазної власності

Pero no discutan con nosotros mientras apliquen el estándar de sus nociones burguesas de libertad, cultura, ley, etc

Але не сперечайтеся з нами, поки ви застосовуєте стандарти своїх буржуазних уявлень про свободу, культуру, право тощо

Vuestras mismas ideas no son más que el resultado de las condiciones de la producción burguesa y de la propiedad burguesa

Самі ваші ідеї є лише наслідком умов вашого буржуазного виробництва і буржуазної власності

del mismo modo que vuestra jurisprudencia no es más que la voluntad de vuestra clase convertida en ley para todos

Так само, як ваша юриспруденція є лише волею вашого класу, перетвореною на закон для всіх

El carácter esencial y la dirección de esta voluntad están determinados por las condiciones económicas que crea su clase social

Сутнісний характер і спрямованість цієї волі визначаються економічними умовами, які створює ваш соціальний клас

El concepto erróneo egoísta que te induce a transformar las formas sociales en leyes eternas de la naturaleza y de la razón

Егоїстична помилка, яка спонукає вас перетворювати соціальні форми на вічні закони природи та розуму

las formas sociales que brotan de vuestro actual modo de producción y de vuestra forma de propiedad

суспільні форми, що випливають з нинішнього способу
виробництва і форми власності

**relaciones históricas que surgen y desaparecen en el
progreso de la producción**

історичні зв'язки, що виникають і зникають у процесі
виробництва

**Este concepto erróneo lo compartes con todas las clases
dominantes que te han precedido**

Цю хибну думку ви поділяєте з кожним правлячим
класом, який був до вас

**Lo que se ve claramente en el caso de la propiedad antigua,
lo que se admite en el caso de la propiedad feudal**

Те, що ви ясно бачите у випадку стародавньої власності,
що ви визнаєте у випадку з феодальною власністю

**estas cosas, por supuesto, le está prohibido admitir en el caso
de su propia forma burguesa de propiedad**

ці речі вам, звичайно, заборонено визнавати у випадку
вашої власної буржуазної форми власності

**¡Abolición de la familia! Hasta los más radicales estallan
ante esta infame propuesta de los comunistas**

Скасування сім'ї! Навіть найрадикальніші спалахують від
цієї сумнозвісної пропозиції комуністів

**¿Sobre qué base se asienta la familia actual, la familia
Bourgeoisie?**

На якому фундаменті ґрунтується нинішня сім'я, сім'я
буржуазії?

**La base de la familia actual se basa en el capital y la
ganancia privada**

Основа нинішньої сім'ї ґрунтується на капіталі та
приватній вигоді

**En su forma completamente desarrollada, esta familia sólo
existe entre la burguesía**

У цілком розвиненому вигляді це сімейство існує тільки у
буржуазії

**Este estado de cosas encuentra su complemento en la
ausencia práctica de la familia entre los proletarios**

Такий стан речей знаходить своє доповнення в практичній відсутності сім'ї у пролетарів

Este estado de cosas se puede encontrar en la prostitución pública

Такий стан речей можна зустріти в публічній проституції

La familia Bourgeoisie se desvanecerá como algo natural cuando su complemento se desvanezca

Буржуазна сім'я зникне як само собою зрозуміле, коли зникне її доповнення

y ambos se desvanecerán con la desaparición del capital

І обидві вони зникнуть зі зникненням капіталу

¿Nos acusan de querer detener la explotación de los niños por parte de sus padres?

Ви звинувачуєте нас у бажанні зупинити експлуатацію дітей їхніми батьками?

De este crimen nos declaramos culpables

У цьому злочині ми визнаємо себе винними

Pero, dirás, destruimos la más sagrada de las relaciones, cuando reemplazamos la educación en el hogar por la educación social

Але, скажете ви, ми руйнуємо найсвятіші відносини, коли замінюємо домашнє виховання соціальним вихованням

¿No es también social su educación? ¿Y no está determinado por las condiciones sociales en las que se educa?

Ваша освіта не також соціальна? І хіба це не визначається соціальними умовами, в яких ви виховуєтеся?

por la intervención, directa o indirecta, de la sociedad, por medio de las escuelas, etc.

шляхом втручання, прямого чи опосередкованого, суспільства, за допомогою шкіл тощо.

Los comunistas no han inventado la intervención de la sociedad en la educación

Комуністи не винайшли втручання суспільства в освіту

lo único que pretenden es alterar el carácter de esa intervención

Вони лише прагнуть змінити характер цього втручання

y buscan rescatar la educación de la influencia de la clase dominante

І вони прагнуть врятувати освіту від впливу правлячого класу

La burguesía habla de la sagrada correlación entre padres e hijos

Буржуазія говорить про священні стосунки батьків і дітей

pero esta trampa sobre la familia y la educación se vuelve aún más repugnante cuando miramos a la industria moderna

але ця балаканина про сім'ю та освіту стає ще огиднішою, коли ми дивимося на сучасну індустрію

Todos los lazos familiares entre los proletarios son desgarrados por la industria moderna

Всі родинні зв'язки пролетарів розриваються сучасною промисловістю

Sus hijos se transforman en simples artículos de comercio e instrumentos de trabajo

Їхні діти перетворюються на прості предмети торгівлі та знаряддя праці

Pero vosotros, los comunistas, creáis una comunidad de mujeres, grita a coro toda la burguesía

Але ви, комуністи, створили б спільноту жінок, кричить хором уся буржуазія

La burguesía ve en su mujer un mero instrumento de producción

Буржуазія бачить у своїй дружині лише знаряддя виробництва

Oye que los instrumentos de producción deben ser explotados por todos

Він чує, що знаряддя виробництва повинні використовуватися всіма

Y, naturalmente, no puede llegar a otra conclusión que la de que la suerte de ser común a todos recaerá igualmente en las mujeres

І, природно, він не може прийти до іншого висновку, крім того, що доля бути спільним для всіх також випаде жінкам

Ni siquiera sospecha que el verdadero objetivo es acabar con la condición de la mujer como meros instrumentos de producción

Він навіть не підозрює, що справжня мета полягає в тому, щоб покінчити зі статусом жінки як простого знаряддя виробництва

Por lo demás, nada es más ridículo que la virtuosa indignación de nuestra burguesía contra la comunidad de mujeres

Для решти немає нічого безглуздішого, ніж доброчесне обурення нашої буржуазії спільнотою жінок

pretenden que sea abierta y oficialmente establecida por los comunistas

вони вдають, що вона має бути відкрито і офіційно встановлена комуністами

Los comunistas no tienen necesidad de introducir la comunidad de mujeres, ha existido casi desde tiempos inmemoriales

У комуністів немає потреби запроваджувати жіночу спільноту, вона існувала майже з незапам'ятних часів

Nuestra burguesía no se contenta con tener a su disposición a las mujeres e hijas de sus proletarios

Наша буржуазія не задовольняється тим, що має в своєму розпорядженні дружин і дочок своїх пролетарів

Tienen el mayor placer en seducir a las esposas de los demás

Найбільше задоволення вони отримують, спокушаючи дружин один одного

Y eso sin hablar de las prostitutas comunes

І це вже не кажучи про звичайних повій

El matrimonio burgués es en realidad un sistema de esposas en común

Буржуазний шлюб насправді є системою спільних дружин

entonces hay una cosa que se podría reprochar a los comunistas

Крім того, є одна річ, в якій комуністам можна дорікнути

Desean introducir una comunidad de mujeres abiertamente legalizada

Вони хочуть запровадити відверто легалізовану спільноту жінок

en lugar de una comunidad de mujeres hipócritamente oculta

а не лицемірно прихована спільнота жінок

la comunidad de mujeres que surgen del sistema de producción

Спільнота жінок, що випливає з системи виробництва

abolid el sistema de producción y abolid la comunidad de mujeres

Скасуйте систему виробництва, і ви знищите спільноту жінок

Se suprime la prostitución pública y la prostitución privada

Скасовується як публічна проституція, так і приватна

A los comunistas se les reprocha, además, que desean abolir los países y las nacionalidades

Комуністам ще більше дорікають у прагненні скасувати країни та національність

Los trabajadores no tienen patria, así que no podemos quitarles lo que no tienen

Трудящі не мають батьківщини, тому ми не можемо відібрати у них те, чого вони не отримали

El proletariado debe, ante todo, adquirir la supremacía política

Пролетаріат повинен перш за все придбати політичне панування

El proletariado debe elevarse para ser la clase dirigente de la nación

Пролетаріат повинен стати провідним класом нації

El proletariado debe constituirse en la nación

Пролетаріат повинен становити націю

es, hasta ahora, nacional, aunque no en el sentido burgués de la palabra

вона поки що сама по собі національна, хоча й не в буржуазному розумінні цього слова

Las diferencias nacionales y los antagonismos entre los pueblos desaparecen cada día más

Національні відмінності і антагонізми між народами з кожним днем все більше і більше зникають

debido al desarrollo de la burguesía, a la libertad de comercio, al mercado mundial

завдяки розвитку буржуазії, свободі торгівлі, світовому ринку

a la uniformidad en el modo de producción y en las condiciones de vida correspondientes

до одноманітності в способі виробництва і в відповідних йому умовах життя

La supremacía del proletariado hará que desaparezcan aún más rápidamente

Панування пролетаріату призведе до того, що вони зникнуть ще швидше

La acción unida, al menos de los principales países civilizados, es una de las primeras condiciones para la emancipación del proletariado

Об'єднані дії, принаймні провідних цивілізованих країн, є однією з перших умов емансипації пролетаріату

En la medida en que se ponga fin a la explotación de un individuo por otro, también se pondrá fin a la explotación de una nación por otra.

У тій мірі, в якій буде покладено край експлуатації однієї нації іншою, буде покладено край експлуатації однієї нації іншою

A medida que desaparezca el antagonismo entre las clases dentro de la nación, la hostilidad de una nación hacia otra llegará a su fin

У міру того, як зникає антагонізм між класами всередині нації, ворожість однієї нації до іншої припиняється

Las acusaciones contra el comunismo hechas desde un punto de vista religioso, filosófico y, en general, ideológico, no merecen un examen serio

Звинувачення проти комунізму, висунуті з релігійної, філософської і, взагалі, ідеологічної точки зору, не заслуговують серйозного розгляду

¿Se requiere una intuición profunda para comprender que las ideas, puntos de vista y concepciones del hombre cambian con cada cambio en las condiciones de su existencia material?

Чи потрібна глибока інтуїція, щоб збагнути, що ідеї, погляди та концепції людини змінюються з кожною зміною умов її матеріального існування?

¿No es obvio que la conciencia del hombre cambia cuando cambian sus relaciones sociales y su vida social?

Хіба не очевидно, що свідомість людини змінюється при зміні її суспільних відносин і суспільного життя?

¿Qué otra cosa prueba la historia de las ideas sino que la producción intelectual cambia de carácter a medida que cambia la producción material?

Що ще доводить історія ідей, як не те, що інтелектуальне виробництво змінює свій характер пропорційно до того, як змінюється матеріальне виробництво?

Las ideas dominantes de cada época han sido siempre las ideas de su clase dominante

Правлячими ідеями кожної епохи завжди були ідеї її правлячого класу

Cuando se habla de ideas que revolucionan la sociedad, no hace más que expresar un hecho

Коли люди говорять про ідеї, які революціонізують суспільство, вони висловлюють лише один факт

Dentro de la vieja sociedad, se han creado los elementos de una nueva

У старому суспільстві створені елементи нового

y que la disolución de las viejas ideas sigue el mismo ritmo que la disolución de las viejas condiciones de existencia

і що розчинення старих ідей йде в ногу з розчиненням
старих умов існування

**Cuando el mundo antiguo estaba en sus últimos estertores,
las religiones antiguas fueron vencidas por el cristianismo**

Коли стародавній світ переживав останні муки, стародавні
релігії були переможені християнством

**Cuando las ideas cristianas sucumbieron en el siglo XVIII a
las ideas racionalistas, la sociedad feudal libró su batalla a
muerte contra la burguesía revolucionaria de entonces**

Коли в XVIII столітті християнські ідеї піддалися
раціоналістичним ідеям, феодальне суспільство вступило в
смертельну боротьбу з революційною на той час
буржуазією

**Las ideas de la libertad religiosa y de la libertad de
conciencia no hacían más que expresar el dominio de la libre
competencia en el dominio del conocimiento**

Ідеї релігійної свободи і свободи совісті лише виражали
вплив вільної конкуренції в області знань

**"Indudablemente", se dirá, "las ideas religiosas, morales,
filosóficas y jurídicas se han modificado en el curso del
desarrollo histórico"**

«Безсумнівно, - скажуть вони, - релігійні, моральні,
філософські та правові ідеї видозмінювалися в ході
історичного розвитку»

**"Pero la religión, la filosofía de la moral, la ciencia política y
el derecho, sobrevivieron constantemente a este cambio"**

«Але релігія, філософія моралі, політологія і право
постійно переживали цю зміну»

**"También hay verdades eternas, como la Libertad, la Justicia,
etc."**

«Є також вічні істини, такі як Свобода, Справедливість
тощо»

**"Estas verdades eternas son comunes a todos los estados de
la sociedad"**

"Ці вічні істини є спільними для всіх станів суспільства"

"Pero el comunismo suprime las verdades eternas, suprime toda religión y toda moral"

«Але комунізм скасовує вічні істини, він скасовує будь-яку релігію і всю мораль»

"Lo hace en lugar de constituirlos sobre una nueva base"

«Вона робить це замість того, щоб конституювати їх на новій основі»

"Por lo tanto, actúa en contradicción con toda la experiencia histórica pasada"

«Отже, вона діє всупереч усьому минулому історичному досвіду»

¿A qué se reduce esta acusación?

До чого зводиться це звинувачення?

La historia de toda la sociedad pasada ha consistido en el desarrollo de antagonismos de clase

Історія всього минулого суспільства полягала в розвитку класових антагонізмів

antagonismos que asumieron diferentes formas en diferentes épocas

антагонізми, які в різні епохи набували різних форм

Pero cualquiera que sea la forma que hayan tomado, un hecho es común a todas las épocas pasadas

Але яку б форму вони не приймали, один факт є спільним для всіх минулих віків

la explotación de una parte de la sociedad por la otra

експлуатація однієї частини суспільства іншою

No es de extrañar, pues, que la conciencia social de épocas pasadas se mueva dentro de ciertas formas comunes o ideas generales

Тож не дивно, що суспільна свідомість минулих епох рухається в межах певних загальних форм, загальних уявлень

(y eso a pesar de toda la multiplicidad y variedad que muestra)

(і це незважаючи на всю множинність і різноманітність, яку він демонструє)

y éstos no pueden desaparecer por completo sino con la desaparición total de los antagonismos de clase

I вони не можуть повністю зникнути інакше, як з повним зникненням класових антагонізмів

La revolución comunista es la ruptura más radical con las relaciones tradicionales de propiedad

Комуністична революція є найрадикальнішим розривом традиційних відносин власності

No es de extrañar que su desarrollo implique la ruptura más radical con las ideas tradicionales

Не дивно, що її розвиток пов'язаний з найрадикальнішим розривом з традиційними уявленнями

Pero dejemos de lado las objeciones de la burguesía al comunismo

Але покінчимо з буржуазними запереченнями проти комунізму

Hemos visto más arriba el primer paso de la revolución de la clase obrera

Вище ми бачили перший крок робітничого класу в революції

Hay que elevar al proletariado a la posición de gobernante, para ganar la batalla de la democracia

Пролетаріат повинен бути піднятий до правлячого становища, щоб виграти битву за демократію

El proletariado utilizará su supremacía política para arrebatar, poco a poco, todo el capital a la burguesía

Пролетаріат буде використовувати своє політичне панування, щоб поступово вирвати весь капітал у буржуазії

centralizará todos los instrumentos de producción en manos del Estado

він централізує всі знаряддя виробництва в руках держави

En otras palabras, el proletariado organizado como clase dominante

Іншими словами, пролетаріат організувався як панівний клас

y aumentará el total de las fuerzas productivas lo más rápidamente posible

І це дозволить максимально швидко збільшити сукупність продуктивних сил

Por supuesto, al principio, esto no puede llevarse a cabo sino por medio de incursiones despóticas en los derechos de propiedad

Звичайно, на початку цього не можна досягти інакше, як за допомогою деспотичних посягань на права власності

y tiene que lograrse en las condiciones de la producción burguesa

і це має бути досягнуто на умовах буржуазного виробництва

Por lo tanto, se logra mediante medidas que parecen económicamente insuficientes e insostenibles

Тому вона досягається за допомогою заходів, які виявляються економічно недостатніми і неспроможними

pero estos medios, en el curso del movimiento, se superan a sí mismos

Але ці засоби в ході руху випереджають самі себе

Requieren nuevas incursiones en el viejo orden social

Вони зумовлюють необхідність подальшого втручання в старий суспільний лад

y son ineludibles como medio de revolucionar por completo el modo de producción

і вони неминучі як засіб цілковитої революції в способі виробництва

Por supuesto, estas medidas serán diferentes en los distintos países

Звичайно, ці заходи будуть різними в різних країнах

Sin embargo, en los países más avanzados, lo siguiente será de aplicación bastante general

Тим не менш, у найбільш розвинених країнах наступне буде досить загальнозастосовним

1. Abolición de la propiedad de la tierra y aplicación de todas las rentas de la tierra a fines públicos.

1. Скасування власності на землю і застосування всіх земельних рент на суспільні потреби.

2. Un fuerte impuesto progresivo o gradual sobre la renta.

2. Великий прогресивний або градуйований прибутковий податок.

3. Abolición de todo derecho de herencia.

3. Скасування будь-якого права на спадщину.

4. Confiscación de los bienes de todos los emigrantes y rebeldes.

4. Конфіскація майна всіх емігрантів і бунтівників.

5. Centralización del crédito en manos del Estado, por medio de un banco nacional de capital estatal y monopolio exclusivo.

5. Централізація кредиту в руках держави за допомогою національного банку з державним капіталом і виключною монополією.

6. Centralización de los medios de comunicación y transporte en manos del Estado.

6. Централізація засобів зв'язку і транспорту в руках держави.

7. Ampliación de fábricas e instrumentos de producción propiedad del Estado

7. Розширення фабрик і знарядь виробництва, що належать державі

la puesta en cultivo de tierras baldías y el mejoramiento del suelo en general de acuerdo con un plan común.

залучення в обробіток пустирів і поліпшення ґрунту в цілому відповідно до загального плану.

8. Igual responsabilidad de todos hacia el trabajo

8. Рівна відповідальність усіх перед працею

Establecimiento de ejércitos industriales, especialmente para la agricultura.

Створення промислових армій, особливо для сільського господарства.

9. Combinación de la agricultura con las industrias manufactureras

9. Поєднання сільського господарства з обробною промисловістю

Abolición gradual de la distinción entre la ciudad y el campo, por una distribución más equitativa de la población en todo el país.

поступове скасування відмінностей між містом і селом шляхом більш рівномірного розподілу населення по країні.

10. Educación gratuita para todos los niños en las escuelas públicas.

10. Безкоштовна освіта для всіх дітей у державних школах.

Abolición del trabajo infantil en las fábricas en su forma actual

Скасування дитячої фабричної праці в її нинішньому вигляді

Combinación de la educación con la producción industrial

Поєднання освіти з промисловим виробництвом

Cuando, en el curso del desarrollo, las distinciones de clase han desaparecido

Коли в процесі розвитку класові відмінності зникали

y cuando toda la producción se ha concentrado en manos de una vasta asociación de toda la nación

і коли все виробництво було зосереджено в руках величезного об'єднання цілого народу

entonces el poder público perderá su carácter político

Тоді публічна влада втратить свій політичний характер

El poder político, propiamente dicho, no es más que el poder organizado de una clase para oprimir a otra

Політична влада, власне так називається, є лише організованою владою одного класу для пригноблення іншого

Si el proletariado, en su lucha contra la burguesía, se ve obligado, por la fuerza de las circunstancias, a organizarse como clase

Якщо пролетаріат під час змагання з буржуазією змушений силою обставин організуватися як клас

si, por medio de una revolución, se convierte en la clase dominante

Якщо за допомогою революції вона зробить себе панівним класом

y, como tal, barre por la fuerza las viejas condiciones de producción

I, як така, вона силою змітає старі умови виробництва

entonces, junto con estas condiciones, habrá barrido las condiciones para la existencia de los antagonismos de clase y de las clases en general

Тоді вона, разом з цими умовами, змете умови існування класових антагонізмів і класів взагалі

y con ello habrá abolido su propia supremacía como clase.

і, таким чином, скасує своє власне верховенство як класу.

En lugar de la vieja sociedad burguesa, con sus clases y sus antagonismos de clase, tendremos una asociación

На зміну старому буржуазному суспільству з його класами і класовими антагонізмами ми отримаємо асоціацію

una asociación en la que el libre desarrollo de cada uno sea la condición para el libre desarrollo de todos

об'єднання, в якому вільний розвиток кожного є умовою вільного розвитку всіх

1) Socialismo reaccionario
1) Реакційний соціалізм

a) Socialismo feudal
a) Феодальний соціалізм

las aristocracias de Francia e Inglaterra tenían una posición histórica única
аристократії Франції та Англії мали унікальне історичне становище

se convirtió en su vocación escribir panfletos contra la sociedad burguesa moderna
Їхнім покликанням стало написання памфлетів проти сучасного буржуазного суспільства

En la Revolución Francesa de julio de 1830 y en la agitación reformista inglesa
У Французькій революції липня 1830 р. і в англійській реформаторській агітації

Estas aristocracias sucumbieron de nuevo ante el odioso advenedizo
Ці аристократії знову піддалися ненависному вискочці

A partir de entonces, una contienda política seria quedó totalmente fuera de discusión
Відтоді про серйозну політичну боротьбу взагалі не могло бути й мови

Todo lo que quedaba posible era una batalla literaria, no una batalla real
Все, що залишалося можливим, це літературна битва, а не справжня битва

Pero incluso en el dominio de la literatura, los viejos gritos del período de la restauración se habían vuelto imposibles
Але навіть у царині літератури старі крики періоду Реставрації стали неможливими

Para despertar simpatías, la aristocracia se vio obligada a perder de vista, aparentemente, sus propios intereses

Щоб викликати симпатію, аристократія була змушена випустити з поля зору, мабуть, власні інтереси

y se vieron obligados a formular su acusación contra la burguesía en interés de la clase obrera explotada

і вони були зобов'язані сформулювати своє обвинувачення проти буржуазії в інтересах експлуатованого робітничого класу

Así, la aristocracia se vengó cantando sátiras a su nuevo amo

Таким чином, аристократія помстилася, оспівавши свого нового господаря світильниками

y se vengaron susurrándole al oído siniestras profecías de catástrofe venidera

І вони помстилися, нашіптуючи йому на вухо зловісні пророцтва про прийдешню катастрофу

De esta manera surgió el socialismo feudal: mitad lamentación, mitad sátira

Так виник феодальний соціалізм: наполовину плач, наполовину наклеп

Sonaba como medio eco del pasado y proyectaba mitad amenaza del futuro

Він дзвенів як наполовину відлуння минулого, а наполовину проектував загрозу майбутнього

a veces, con su crítica amarga, ingeniosa e incisiva, golpeó a la burguesía hasta la médula

часом своєю гострою, дотепною і гострою критикою вона вражала буржуазію до глибини душі

pero siempre fue ridículo en su efecto, por su total incapacidad para comprender la marcha de la historia moderna

Але вона завжди була безглуздою за своїм впливом, через цілковиту нездатність осягнути хід новітньої історії

La aristocracia, con el fin de atraer al pueblo hacia ellos, agitaba la bolsa de limosnas proletaria delante como una bandera

Аристократія, щоб згуртувати народ до себе, розмахувала пролетарською милостинею перед прапором

Pero el pueblo, tan a menudo como se unía a ellos, veía en sus cuartos traseros los antiguos escudos de armas feudales

Але народ так часто, як тільки він приєднувався до нього, бачив на своїх задніх кінцівках старі феодальні герби

y desertaron con carcajadas ruidosas e irreverentes

І вони дезертирували з гучним і нешанобливим сміхом

Un sector de los legitimistas franceses y de la "Joven Inglaterra" exhibió este espectáculo

Одна з секцій французьких легітимістів і «Молода Англія» демонструвала це видовище

los feudales señalaban que su modo de explotación era diferente al de la burguesía

феодали вказували на те, що їх спосіб експлуатації відрізняється від буржуазії

Los feudales olvidan que explotaron en circunstancias y condiciones muy diferentes

Феодали забувають, що вони експлуатували в зовсім інших обставинах і умовах

Y no se dieron cuenta de que tales métodos de explotación ahora son anticuados

І вони не помітили, що такі методи експлуатації вже застаріли

demostraron que, bajo su gobierno, el proletariado moderno nunca existió

Вони показали, що при їх правлінні сучасного пролетаріату ніколи не існувало

pero olvidan que la burguesía moderna es el vástago necesario de su propia forma de sociedad

але вони забувають, що сучасна буржуазія є необхідним нащадком їх власної форми суспільства

Por lo demás, apenas ocultan el carácter reaccionario de su crítica

В іншому вони навряд чи приховують реакційний характер своєї критики

su principal acusación contra la burguesía es la siguiente

їх головне звинувачення на адресу буржуазії зводиться до наступного

bajo el régimen de la burguesía se está desarrollando una clase social

при буржуазному режимі формується соціальний клас

Esta clase social está destinada a cortar de raíz el viejo orden de la sociedad

Цьому соціальному класу судилося викорінити і розгалужити старий суспільний лад

Lo que reprochan a la burguesía no es tanto que cree un proletariado

Вони докоряють буржуазії не стільки тим, що вона створює пролетаріат

lo que reprochan a la burguesía es más bien que crea un proletariado revolucionario

Вони докоряють буржуазії тим більше, що вона створює революційний пролетаріат

En la práctica política, por lo tanto, se unen a todas las medidas coercitivas contra la clase obrera

Тому в політичній практиці вони приєднуються до всіх примусових заходів проти робітничого класу

Y en la vida ordinaria, a pesar de sus frases altisonantes, se inclinan a recoger las manzanas de oro que caen del árbol de la industria

І в звичайному житті, незважаючи на свої високі фрази, вони нахиляються, щоб підняти золоті яблука, що впали з дерева промисловості

y trocan la verdad, el amor y el honor por el comercio de lana, azúcar de remolacha y aguardiente de patata

І вони обмінюють правду, любов і честь на торгівлю вовною, буряковим цукром і картопляними спиртними напоями

Así como el párroco ha ido siempre de la mano con el terrateniente, así también lo ha hecho el socialismo clerical con el socialismo feudal

Як парсон завжди йшов рука об руку з поміщиком, так і клерикальний соціалізм з феодальним соціалізмом

Nada es más fácil que dar al ascetismo cristiano un tinte socialista

Немає нічого простішого, ніж надати християнському аскетизму соціалістичного відтінку

¿No ha declamado el cristianismo contra la propiedad privada, contra el matrimonio, contra el Estado?

Хіба християнство не виступало проти приватної власності, проти шлюбу, проти держави?

¿No ha predicado el cristianismo en lugar de estos, la caridad y la pobreza?

Хіба християнство не проповідувало замість них милосердя і бідності?

¿Acaso el cristianismo no predica el celibato y la mortificación de la carne, la vida monástica y la Madre Iglesia?

Хіба християнство не проповідує целібат і умертвіння плоті, чернече життя і Матір-Церкву?

El socialismo cristiano no es más que el agua bendita con la que el sacerdote consagra los ardores del corazón del aristócrata

Християнський соціалізм – це лише свята вода, якою священик освячує палаючі серця аристократа

b) Socialismo pequeñoburgués
б) дрібнобуржуазний соціалізм

La aristocracia feudal no fue la única clase arruinada por la burguesía
Феодальна аристократія була не єдиним класом, який був розорений буржуазією
no fue la única clase cuyas condiciones de existencia languidecieron y perecieron en la atmósfera de la sociedad burguesa moderna
це був не єдиний клас, умови існування якого загинули і загинули в атмосфері сучасного буржуазного суспільства
Los burgueses medievales y los pequeños propietarios campesinos fueron los precursores de la burguesía moderna
Середньовічні міщани і дрібні селяни-власники були попередниками сучасної буржуазії
En los países poco desarrollados, industrial y comercialmente, estas dos clases siguen vegetando una al lado de la otra
У тих країнах, які мало розвинені в індустріальному і комерційному плані, ці два класи все ще живуть поруч
y mientras tanto la burguesía se levanta junto a ellos: industrial, comercial y políticamente
а тим часом поряд з ними повстає буржуазія: і промислова, і комерційна, і політична
En los países donde la civilización moderna se ha desarrollado plenamente, se ha formado una nueva clase de pequeña burguesía
У країнах, де сучасна цивілізація стала всебічно розвиненою, сформувався новий клас дрібної буржуазії
esta nueva clase social fluctúa entre el proletariado y la burguesía
цей новий соціальний клас коливається між пролетаріатом і буржуазією
y siempre se renueva como parte complementaria de la sociedad burguesa

і вона постійно відновлюється як додаткова частина
буржуазного суспільства

**Sin embargo, los miembros individuales de esta clase son
constantemente arrojados al proletariado**

Окремі представники цього класу, однак, постійно
кидаються в пролетаріат

**son absorbidos por el proletariado a través de la acción de la
competencia**

Вони всмоктуються пролетаріатом через конкуренцію

**A medida que la industria moderna se desarrolla, incluso
ven acercarse el momento en que desaparecerán por
completo como sección independiente de la sociedad
moderna**

У міру розвитку сучасної промисловості вони навіть бачать
наближення моменту, коли вони повністю зникнуть як
самостійна частина сучасного суспільства

**Serán reemplazados, en las manufacturas, la agricultura y el
comercio, por vigilantes, alguaciles y tenderos**

На зміну їм у виробництві, сільському господарстві та
торгівлі прийдуть наглядачі, судові пристави та крамарі

**En países como Francia, donde los campesinos constituyen
mucho más de la mitad de la población**

У таких країнах, як Франція, де селяни становлять набагато
більше половини населення

**era natural que hubiera escritores que se pusieran del lado
del proletariado contra la burguesía**

природно, що є письменники, які стали на бік
пролетаріату проти буржуазії

**en su crítica al régimen burgués utilizaron el estandarte de la
pequeña burguesía campesina**

у своїй критиці буржуазного режиму вони
використовували прапор селянської і дрібної буржуазії

**Y desde el punto de vista de estas clases intermedias, toman
el garrote de la clase obrera**

І з точки зору цих проміжних класів вони беруть на себе
відповідальність за робітничий клас

Así surgió el socialismo pequeñoburgués, del que Sismondi era el jefe de esta escuela, no sólo en Francia, sino también en Inglaterra

Так виник дрібнобуржуазний соціалізм, главою якого був Сісмонді не тільки у Франції, але і в Англії

Esta escuela del socialismo diseccionó con gran agudeza las contradicciones de las condiciones de producción moderna

Ця школа соціалізму з великою гостротою препарувала протиріччя в умовах сучасного виробництва

Esta escuela puso al descubierto las apologías hipócritas de los economistas

Ця школа викрила лицемірні вибачення економістів

Esta escuela demostró, incontrovertiblemente, los efectos desastrosos de la maquinaria y de la división del trabajo

Ця школа незаперечно довела згубні наслідки машин і поділу праці

Probó la concentración del capital y de la tierra en pocas manos

Це довело концентрацію капіталу і землі в небагатьох руках

demostró cómo la sobreproducción conduce a las crisis de la burguesía

доведено, як перевиробництво призводить до буржуазних криз

señalaba la ruina inevitable de la pequeña burguesía y del campesino

вона вказувала на неминучу загибель дрібної буржуазії і селянина

la miseria del proletariado, la anarquía en la producción, las desigualdades flagrantes en la distribución de la riqueza

злидні пролетаріату, анархія у виробництві, кричуща нерівність у розподілі багатства

Mostró cómo el sistema de producción lidera la guerra industrial de exterminio entre naciones

Вона показала, як система виробництва веде промислову війну на винищення між націями

la disolución de los viejos lazos morales, de las viejas relaciones familiares, de las viejas nacionalidades

Розпад старих моральних уз, старих сімейних відносин, старих народностей

Sin embargo, en sus objetivos positivos, esta forma de socialismo aspira a lograr una de dos cosas

Однак у своїх позитивних цілях ця форма соціалізму прагне досягти однієї з двох речей

o bien pretende restaurar los antiguos medios de producción y de intercambio

або він спрямований на відновлення старих засобів виробництва та обміну

y con los viejos medios de producción restauraría las viejas relaciones de propiedad y la vieja sociedad

А зі старими засобами виробництва вона відновила б старі відносини власності і старе суспільство

o pretende apretar los medios modernos de producción e intercambio en el viejo marco de las relaciones de propiedad

або вона має на меті втиснути сучасні засоби виробництва та обміну в старі рамки відносин власності

En cualquier caso, es a la vez reaccionario y utópico

У будь-якому випадку вона одночасно і реакційна, і утопічна

Sus últimas palabras son: gremios corporativos para la manufactura, relaciones patriarcales en la agricultura

Останні його слова: корпоративні гільдії для виробництва, патріархальні відносини в сільському господарстві

En última instancia, cuando los obstinados hechos históricos habían dispersado todos los efectos embriagadores del autoengaño

Врешті-решт, коли вперті історичні факти розвіяли всі п'янкі наслідки самообману

esta forma de socialismo terminó en un miserable ataque de lástima

ця форма соціалізму закінчилася жалюгідним поривом жалю

c) Socialismo alemán o "verdadero"
в) німецький, або "істинний", соціалізм

La literatura socialista y comunista de Francia se originó bajo la presión de una burguesía en el poder
Соціалістична і комуністична література Франції зародилася під тиском буржуазії, що перебувала при владі

Y esta literatura era la expresión de la lucha contra este poder
І ця література була вираженням боротьби проти цієї влади

se introdujo en Alemania en un momento en que la burguesía acababa de comenzar su lucha contra el absolutismo feudal
вона була введена в Німеччину в той час, коли буржуазія тільки починала боротьбу з феодальним абсолютизмом

Los filósofos alemanes, los aspirantes a filósofos y los beaux esprits, se apoderaron con avidez de esta literatura
Німецькі філософи, майбутні філософи і красуні-еспріти жадібно хапалися за цю літературу

pero olvidaron que los escritos emigraron de Francia a Alemania sin traer consigo las condiciones sociales francesas
але вони забули, що твори іммігрували з Франції до Німеччини, не принісши з собою французьких соціальних умов

En contacto con las condiciones sociales alemanas, esta literatura francesa perdió toda su significación práctica inmediata
У зіткненні з німецькими соціальними умовами ця французька література втратила все своє безпосереднє практичне значення

y la literatura comunista de Francia asumió un aspecto puramente literario en los círculos académicos alemanes
а комуністична література Франції в німецьких академічних колах набула суто літературного аспекту

Así, las exigencias de la primera Revolución Francesa no eran más que las exigencias de la "Razón Práctica"

Таким чином, вимоги першої Французької революції були нічим іншим, як вимогами «практичного розуму»

y la expresión de la voluntad de la burguesía revolucionaria francesa significaba a sus ojos la ley de la voluntad pura

і виголошення волі революційної французької буржуазії означало в їхніх очах закон чистої волі

significaba la Voluntad tal como estaba destinada a ser; de la verdadera Voluntad humana en general

це означало Волю такою, якою вона повинна була бути; справжньої людської волі взагалі

El mundo de los literatos alemanes consistía únicamente en armonizar las nuevas ideas francesas con su antigua conciencia filosófica

Світ німецьких літераторів полягав виключно в тому, щоб привести нові французькі ідеї у відповідність з їх давньою філософською свідомістю

o mejor dicho, se anexionaron las ideas francesas sin abandonar su propio punto de vista filosófico

точніше, вони анексували французькі ідеї, не відмовляючись від власної філософської точки зору

Esta anexión se llevó a cabo de la misma manera en que se apropia una lengua extranjera, es decir, por traducción

Ця анексія відбулася в той самий спосіб, у який привласнюється іноземна мова, а саме шляхом перекладу

Es bien sabido cómo los monjes escribieron vidas tontas de santos católicos sobre manuscritos

Добре відомо, як монахи писали безглузді житія католицьких святих над рукописами

los manuscritos sobre los que se habían escrito las obras clásicas del antiguo paganismo

рукописи, на яких були написані класичні твори стародавнього язичництва

Los literatos alemanes invirtieron este proceso con la literatura profana francesa

Німецькі літератори змінили цей процес за допомогою профанної французької літератури

Escribieron sus tonterías filosóficas bajo el original francés

Вони писали свою філософську нісенітницю під французьким оригіналом

Por ejemplo, debajo de la crítica francesa a las funciones económicas del dinero, escribieron "Alienación de la humanidad"

Наприклад, під французькою критикою економічних функцій грошей вони написали «Відчуження людства»

debajo de la crítica francesa al Estado burgués escribieron "destronamiento de la categoría de general"

під французькою критикою буржуазної держави писали «скинення з престолу категорії генерала»

La introducción de estas frases filosóficas en el reverso de las críticas históricas francesas las denominó:

Введення цих філософських фраз на задній план французької історичної критики, яку вони охрестили:

"Filosofía de la acción", "Socialismo verdadero", "Ciencia alemana del socialismo", "Fundamentos filosóficos del socialismo", etc

«Філософія дії», «Істинний соціалізм», «Німецька наука про соціалізм», «Філософська основа соціалізму» тощо

De este modo, la literatura socialista y comunista francesa quedó completamente castrada

Таким чином, французька соціалістична і комуністична література була повністю вихолощена

en manos de los filósofos alemanes dejó de expresar la lucha de una clase con la otra

в руках німецьких філософів вона перестала виражати боротьбу одного класу з іншим

y así los filósofos alemanes se sintieron conscientes de haber superado la "unilateralidad francesa"

і тому німецькі філософи відчували, що подолали «французьку однобічність»

no tenía que representar requisitos verdaderos, sino que representaba requisitos de verdad

Вона не повинна була представляти істинні вимоги, скоріше, вона представляла вимоги істини

no había interés en el proletariado, más bien, había interés en la Naturaleza Humana

не було інтересу до пролетаріату, скоріше, був інтерес до людської природи

el interés estaba en el Hombre en general, que no pertenece a ninguna clase y no tiene realidad

інтерес був до людини взагалі, яка не належить до жодного класу і не має реальності

Un hombre que sólo existe en el brumoso reino de la fantasía filosófica

Людина, яка існує лише в туманному царстві філософської фантазії

pero con el tiempo este colegial socialismo alemán también perdió su inocencia pedante

але врешті-решт цей школяр німецький соціалізм також втратив свою педантичну невинність

la burguesía alemana, y especialmente la burguesía prusiana, lucharon contra la aristocracia feudal

німецька буржуазія і особливо прусська буржуазія боролися проти феодальної аристократії

la monarquía absoluta de Alemania y Prusia también estaba siendo combatida

проти абсолютної монархії Німеччини та Пруссії також протистояли

Y a su vez, la literatura del movimiento liberal también se hizo más seria

І, в свою чергу, література ліберального руху також стала більш серйозною

Se le ofreció a Alemania la tan deseada oportunidad del "verdadero" socialismo

Німеччина отримала довгоочікувану можливість для «справжнього» соціалізму

la oportunidad de confrontar al movimiento político con las reivindicaciones socialistas

можливість протистояння політичного руху соціалістичним вимогам

la oportunidad de lanzar los anatemas tradicionales contra el liberalismo

можливість кинути традиційні анафеми проти лібералізму

la oportunidad de atacar al gobierno representativo y a la competencia burguesa

можливість нападати на представницький уряд і конкуренцію буржуазії

Libertad de prensa burguesa, Legislación burguesa, Libertad e igualdad burguesa

Буржуазія свобода друку, буржуазне законодавство, буржуазія свобода і рівність

Todo esto ahora podría ser criticado en el mundo real, en lugar de en la fantasía

Все це тепер можна критикувати в реальному світі, а не в фантазіях

La aristocracia feudal y la monarquía absoluta habían predicado durante mucho tiempo a las masas

Феодальна аристократія і абсолютна монархія здавна проповідували широким масам

"El obrero no tiene nada que perder y tiene todo que ganar"

«Трудящій людині нема чого втрачати, і вона має все, щоб здобути»

el movimiento burgués también ofrecía la oportunidad de hacer frente a estos tópicos

буржуазний рух також давав шанс протистояти цим банальностям

la crítica francesa presuponía la existencia de la sociedad burguesa moderna

французька критика припускала існування сучасного буржуазного суспільства

Las condiciones económicas de existencia de la burguesía y la constitución política de la burguesía

Економічні умови існування буржуазії та політичний устрій буржуазії

las mismas cosas cuya consecución era el objeto de la lucha pendiente en Alemania

ті самі речі, досягнення яких було предметом майбутньої боротьби в Німеччині

El estúpido eco del socialismo alemán abandonó estos objetivos justo a tiempo

Безглузде відлуння соціалізму в Німеччині відкинуло ці цілі в найкоротші терміни

Los gobiernos absolutos tenían sus seguidores de párrocos, profesores, escuderos y funcionarios

Абсолютні уряди мали своїх послідовників у складі парсонсів, професорів, сільських сквайрів і чиновників

el gobierno de la época se enfrentó a los levantamientos de la clase obrera alemana con azotes y balas

тодішній уряд зустрів повстання німецького робітничого класу побиттям і кулями

para ellos este socialismo servía de espantapájaros contra la burguesía amenazadora

Цей соціалізм служив для них бажаним опудалом проти загрозливої буржуазії

y el gobierno alemán pudo ofrecer un postre dulce después de las píldoras amargas que repartió

і німецький уряд зміг запропонувати солодкий десерт після гірких пігулок, які він роздавав

este "verdadero" socialismo servía así a los gobiernos como arma para combatir a la burguesía alemana

Таким чином, цей «істинний» соціалізм служив урядам зброєю в боротьбі з німецькою буржуазією

y, al mismo tiempo, representaba directamente un interés reaccionario; la de los filisteos alemanes

і, в той же час, він безпосередньо представляв реакційний інтерес; німецьких філістимлян

En Alemania, la pequeña burguesía es la verdadera base social del actual estado de cosas

У Німеччині клас дрібної буржуазії є реальною соціальною основою існуючого стану речей

Una reliquia del siglo XVI que ha ido surgiendo constantemente bajo diversas formas

Реліквія XVI століття, яка постійно з'являлася в різних формах

Preservar esta clase es preservar el estado de cosas existente en Alemania

Зберегти цей клас - значить зберегти існуючий стан речей в Німеччині

La supremacía industrial y política de la burguesía amenaza a la pequeña burguesía con una destrucción segura

Промислове і політичне панування буржуазії загрожує дрібній буржуазії неминучим знищенням

por un lado, amenaza con destruir a la pequeña burguesía a través de la concentración del capital

з одного боку, це загрожує знищенням дрібної буржуазії через концентрацію капіталу

por otra parte, la burguesía amenaza con destruirla mediante el ascenso de un proletariado revolucionario

з іншого боку, буржуазія загрожує знищити її через піднесення революційного пролетаріату

El "verdadero" socialismo parecía matar estos dos pájaros de un tiro. Se extendió como una epidemia

«Істинний» соціалізм виявився таким, щоб убити цих двох зайців одним пострілом. Вона поширилася, як епідемія

El manto de telarañas especulativas, bordado con flores de retórica, empapado en el rocío de un sentimiento enfermizo

Одежа спекулятивного павутиння, розшита квітами риторики, просякнута росою хворобливих почуттів

esta túnica trascendental en la que los socialistas alemanes envolvían sus tristes "verdades eternas"

цю трансцендентну мантію, в яку німецькі соціалісти загорнули свої жалюгідні «вічні істини»

toda la piel y los huesos, sirvieron para aumentar maravillosamente la venta de sus productos entre un público tan

вся шкіра і кістки, служили для того, щоб чудово збільшити продаж своїх товарів серед такої публіки

Y por su parte, el socialismo alemán reconocía, cada vez más, su propia vocación

Зі свого боку, німецький соціалізм дедалі більше визнавав своє власне покликання

estaba llamado a ser el grandilocuente representante de la pequeña burguesía filistea

він був покликаний бути пихатим представником міщанина-філістимлянина

Proclamaba que la nación alemana era la nación modelo, y que el pequeño filisteo alemán era el hombre modelo

Він проголосив німецьку націю зразковою нацією, а німецький міщанин — зразковою людиною

A cada maldad malvada de este hombre modelo le daba una interpretación socialista oculta y superior

Кожній лиходійській підлості цієї зразкової людини вона давала приховане, вище, соціалістичне тлумачення

esta interpretación socialista superior era exactamente lo contrario de su carácter real

це вище, соціалістичне тлумачення було повною протилежністю його дійсному характеру

Llegó al extremo de oponerse directamente a la tendencia "brutalmente destructiva" del comunismo

Вона дійшла до крайньої міри, прямо протистоячи «брутально руйнівній» тенденції комунізму

y proclamó su supremo e imparcial desprecio de todas las luchas de clases

і проголосила своє найвище і неупереджене презирство до всієї класової боротьби

Con muy pocas excepciones, todas las publicaciones llamadas socialistas y comunistas que ahora (1847) circulan

en Alemania pertenecen al dominio de esta literatura sucia y enervante

За дуже рідкісними винятками, всі так звані соціалістичні та комуністичні видання, які зараз (1847 р.) циркулюють у Німеччині, належать до сфери цієї брудної та огидної літератури

2) Socialismo conservador o socialismo burgués
2) Консервативний соціалізм, або буржуазний соціалізм

Una parte de la burguesía está deseosa de reparar los agravios sociales
Частина буржуазії прагне залагодити соціальні образи
con el fin de asegurar la continuidad de la sociedad burguesa
з метою забезпечення подальшого існування буржуазного суспільства
A esta sección pertenecen economistas, filántropos, humanistas
До цього розділу належать економісти, філантропи, гуманітарії
mejoradores de la condición de la clase obrera y organizadores de la caridad
поліпшення становища робітничого класу та організатори благодійності
Miembros de las Sociedades para la Prevención de la Crueldad contra los Animales
члени товариств запобігання жорстокому поводженню з тваринами
fanáticos de la templanza, reformadores de todo tipo imaginable
Фанатики поміркованості, запеклі реформатори будь-якого роду
Esta forma de socialismo, además, ha sido elaborada en sistemas completos
Крім того, ця форма соціалізму була перетворена в цілісні системи
Podemos citar la "Philosophie de la Misère" de Proudhon como ejemplo de esta forma
Як приклад такої форми можна навести «Філософію мізерів» Прудона
La burguesía socialista quiere todas las ventajas de las condiciones sociales modernas

Соціалістична буржуазія прагне всіх переваг сучасних суспільних умов

pero la burguesía socialista no quiere necesariamente las luchas y los peligros resultantes

але соціалістична буржуазія не обов'язково хоче боротьби і небезпек, що випливають з цього

Desean el estado actual de la sociedad, menos sus elementos revolucionarios y desintegradores

Вони прагнуть існуючого стану суспільства без його революційних і дезінтегруючих елементів

en otras palabras, desean una burguesía sin proletariado

іншими словами, вони бажають буржуазії без пролетаріату

La burguesía concibe naturalmente el mundo en el que es supremo ser el mejor

Буржуазія природно уявляє собі світ, в якому вона найвища, найкращою

y el socialismo burgués desarrolla esta cómoda concepción en varios sistemas más o menos completos

і буржуазний соціалізм розвиває цю зручну концепцію в різні більш-менш завершені системи

les gustaría mucho que el proletariado marchara directamente hacia la Nueva Jerusalén social

вони дуже хотіли б, щоб пролетаріат негайно рушив у соціальний Новий Єрусалим

pero en realidad requiere que el proletariado permanezca dentro de los límites de la sociedad existente

Але насправді це вимагає, щоб пролетаріат залишався в межах існуючого суспільства

piden al proletariado que abandone todas sus ideas odiosas sobre la burguesía

вони просять пролетаріат відкинути всі свої ненависні ідеї щодо буржуазії

hay una segunda forma más práctica, pero menos sistemática, de este socialismo

є друга, більш практична, але менш систематична форма
цього соціалізму

**Esta forma de socialismo buscaba despreciar todo
movimiento revolucionario a los ojos de la clase obrera**

Ця форма соціалізму прагнула знецінити будь-який
революційний рух в очах робітничого класу

**Argumentan que ninguna mera reforma política podría ser
ventajosa para ellos**

Вони стверджують, що жодна проста політична реформа
не може принести їм жодної користі

**Sólo un cambio en las condiciones materiales de existencia
en las relaciones económicas es beneficioso**

Вигоду приносить лише зміна матеріальних умов
існування в економічних відносинах

**Al igual que el comunismo, esta forma de socialismo aboga
por un cambio en las condiciones materiales de existencia**

Як і комунізм, ця форма соціалізму виступає за зміну
матеріальних умов існування

**sin embargo, esta forma de socialismo no sugiere en modo
alguno la abolición de las relaciones de producción
burguesas**

однак ця форма соціалізму аж ніяк не передбачає
скасування буржуазних виробничих відносин

**la abolición de las relaciones de producción burguesas sólo
puede lograrse mediante una revolución**

скасування буржуазних виробничих відносин може бути
досягнуто тільки шляхом революції

**Pero en lugar de una revolución, esta forma de socialismo
sugiere reformas administrativas**

Але замість революції ця форма соціалізму передбачає
адміністративні реформи

**y estas reformas administrativas se basarían en la
continuidad de estas relaciones**

І ці адміністративні реформи ґрунтуватимуться на
продовженні існування цих відносин

reformas, por lo tanto, que no afectan en ningún aspecto a las relaciones entre el capital y el trabajo

реформи, які жодним чином не впливають на відносини між капіталом і працею

en el mejor de los casos, tales reformas disminuyen el costo y simplifican el trabajo administrativo del gobierno burgués

в кращому випадку такі реформи зменшують витрати і спрощують адміністративну роботу буржуазного уряду

El socialismo burgués alcanza una expresión adecuada cuando, y sólo cuando, se convierte en una mera figura retórica

Буржуазний соціалізм досягає адекватного вираження тоді і тільки тоді, коли він стає просто фігурою мови

Libre comercio: en beneficio de la clase obrera

Вільна торгівля: на благо робітничого класу

Deberes protectores: en beneficio de la clase obrera

Захисні обов'язки: на благо робітничого класу

Reforma Penitenciaria: en beneficio de la clase trabajadora

Пенітенціарна реформа: на благо робітничого класу

Esta es la última palabra y la única palabra seria del socialismo burgués

Це останнє слово і єдине серйозне слово буржуазного соціалізму

Se resume en la frase: la burguesía es una burguesía en beneficio de la clase obrera

Це зводиться до фрази: буржуазія - це буржуазія на благо робітничого класу

3) Socialismo crítico-utópico y comunismo
3) критично-утопічний соціалізм і комунізм

No nos referimos aquí a esa literatura que siempre ha dado voz a las reivindicaciones del proletariado
Ми не маємо тут на увазі ту літературу, яка завжди озвучувала вимоги пролетаріату

esto ha estado presente en todas las grandes revoluciones modernas, como los escritos de Babeuf y otros
це було присутнє в кожній великій сучасній революції, як, наприклад, у працях Бабефа та інших

Las primeras tentativas directas del proletariado para alcanzar sus propios fines fracasaron necesariamente
Перші прямі спроби пролетаріату досягти власних цілей неминуче зазнали невдачі

Estos intentos se hicieron en tiempos de excitación universal, cuando la sociedad feudal estaba siendo derrocada
Ці спроби були зроблені в часи загального збудження, коли відбувалося повалення феодального суспільства

El entonces subdesarrollado del proletariado llevó a que fracasaran esos intentos
Нерозвинений тоді стан пролетаріату призвів до того, що ці спроби зазнали невдачі

y fracasaron por la ausencia de las condiciones económicas para su emancipación
І вони зазнали невдачі через відсутність економічних умов для її визволення

condiciones que aún no se habían producido, y que sólo podían ser producidas por la inminente época de la burguesía
умови, які ще не були створені і могли бути створені лише епохою буржуазії, що насувалася

La literatura revolucionaria que acompañó a estos primeros movimientos del proletariado tuvo necesariamente un carácter reaccionario

Революційна література, що супроводжувала ці перші рухи пролетаріату, неодмінно носила реакційний характер

Esta literatura inculcó el ascetismo universal y la nivelación social en su forma más cruda

Ця література прищеплювала універсальний аскетизм і соціальне зрівнялівство в його найгрубішій формі

Los sistemas socialista y comunista, propiamente dichos, surgen en el período temprano no desarrollado

Соціалістична і комуністична системи, власне так називаються, виникли в ранній нерозвинений період

Saint-Simon, Fourier, Owen y otros, describieron la lucha entre el proletariado y la burguesía (ver sección 1)

Сен-Сімон, Фур'є, Оуен та інші описували боротьбу між пролетаріатом і буржуазією (див. Розділ 1)

Los fundadores de estos sistemas ven, en efecto, los antagonismos de clase

Засновники цих систем бачать, дійсно, класові антагонізми

también ven la acción de los elementos en descomposición, en la forma predominante de la sociedad

Вони також бачать дію елементів, що розкладаються, в панівній формі суспільства

Pero el proletariado, todavía en su infancia, les ofrece el espectáculo de una clase sin ninguna iniciativa histórica

Але пролетаріат, який ще перебуває в зародковому стані, пропонує їм видовище класу, позбавленого будь-якої історичної ініціативи

Ven el espectáculo de una clase social sin ningún movimiento político independiente

Вони бачать видовище соціального класу без будь-якого незалежного політичного руху

El desarrollo del antagonismo de clase sigue el mismo ritmo que el desarrollo de la industria

Розвиток класового антагонізму йде в ногу з розвитком промисловості

De modo que la situación económica no les ofrece todavía las condiciones materiales para la emancipación del proletariado

Отже, економічна ситуація ще не пропонує їм матеріальних умов для визволення пролетаріату

Por lo tanto, buscan una nueva ciencia social, nuevas leyes sociales, que creen estas condiciones

Тому вони шукають нову соціальну науку, нові соціальні закони, які повинні створити ці умови

acción histórica es ceder a su acción inventiva personal

Історична дія полягає в тому, щоб поступитися своїм особистим винахідницьким діям

Las condiciones de emancipación creadas históricamente han de ceder ante condiciones fantásticas

Історично створені умови емансипації повинні поступатися фантастичним умовам

y la organización gradual y espontánea de clase del proletariado debe ceder ante la organización de la sociedad

А поступова, стихійна класова організація пролетаріату повинна поступитися організації суспільства

la organización de la sociedad especialmente ideada por estos inventores

організація суспільства, спеціально придумана цими винахідниками

La historia futura se resuelve, a sus ojos, en la propaganda y en la realización práctica de sus planes sociales

Майбутня історія в їхніх очах зводиться до пропаганди та практичного здійснення їхніх соціальних планів

En la formación de sus planes son conscientes de preocuparse principalmente por los intereses de la clase obrera

При формуванні своїх планів вони усвідомлюють, що дбають головним чином про інтереси робітничого класу

Sólo desde el punto de vista de ser la clase más sufriente existe el proletariado para ellos

Тільки з точки зору найбільш страждального класу пролетаріат існує для них

El estado subdesarrollado de la lucha de clases y su propio entorno informan sus opiniones

Нерозвинений стан класової боротьби і власне оточення формують їх думку

Los socialistas de este tipo se consideran muy superiores a todos los antagonismos de clase

Соціалісти такого типу вважають себе набагато вищими за всі класові антагонізми

Quieren mejorar la condición de todos los miembros de la sociedad, incluso la de los más favorecidos

Вони хочуть поліпшити становище кожного члена суспільства, навіть найбільш привілейованого

De ahí que habitualmente atraigan a la sociedad en general, sin distinción de clase

Отже, вони зазвичай апелюють до суспільства в цілому, без різниці між класами

Es más, apelan a la sociedad en general con preferencia a la clase dominante

Ні, вони апелюють до суспільства в цілому, віддаючи перевагу правлячому класу

Para ellos, todo lo que se requiere es que los demás entiendan su sistema

Для них все, що потрібно, це щоб інші зрозуміли їхню систему

Porque, ¿cómo puede la gente no ver que el mejor plan posible es para el mejor estado posible de la sociedad?

Бо як люди можуть не бачити, що найкращим можливим планом є найкращий можливий стан суспільства?

Por lo tanto, rechazan toda acción política, y especialmente toda acción revolucionaria

Тому вони відкидають будь-яку політичну, а особливо будь-яку революційну діяльність

desean alcanzar sus fines por medios pacíficos

Вони бажають досягти своїх цілей мирним шляхом

se esfuerzan, mediante pequeños experimentos, que están necesariamente condenados al fracaso

Вони намагаються за допомогою невеликих експериментів, які неминуче приречені на провал

y con la fuerza del ejemplo tratan de abrir el camino al nuevo Evangelio social

і силою прикладу намагаються прокласти шлях до нового соціального Євангелія

Cuadros tan fantásticos de la sociedad futura, pintados en un momento en que el proletariado se encuentra todavía en un estado muy subdesarrollado

Такі фантастичні картини майбутнього суспільства, написані в той час, коли пролетаріат ще знаходиться в дуже нерозвиненому стані

y todavía no tiene más que una concepción fantástica de su propia posición

І вона все ще має лише фантастичне уявлення про власну позицію

pero sus primeros anhelos instintivos corresponden a los anhelos del proletariado

Але їх перші інстинктивні прагнення відповідають прагненням пролетаріату

Ambos anhelan una reconstrucción general de la sociedad

Обидва прагнуть до загальної реконструкції суспільства

Pero estas publicaciones socialistas y comunistas también contienen un elemento crítico

Але ці соціалістичні та комуністичні публікації містять також важливий елемент

Atacan todos los principios de la sociedad existente

Вони нападають на всі принципи існуючого суспільства

De ahí que estén llenos de los materiales más valiosos para la ilustración de la clase obrera

Тому вони сповнені найцінніших матеріалів для просвітництва робітничого класу

Proponen la abolición de la distinción entre la ciudad y el campo, y la familia

Вони пропонують скасувати різницю між містом і селом, сім'єю

la supresión de la explotación de industrias por cuenta de los particulares

скасування ведення галузей промисловості за рахунок приватних осіб

y la abolición del sistema salarial y la proclamación de la armonía social

скасування системи заробітної плати і проголошення суспільної злагоди

la conversión de las funciones del Estado en una mera superintendencia de la producción

перетворення функцій держави на просте управління виробництвом

Todas estas propuestas, apuntan únicamente a la desaparición de los antagonismos de clase

Всі ці пропозиції вказують виключно на зникнення класових антагонізмів

Los antagonismos de clase estaban, en ese momento, apenas surgiendo

Класові антагонізми в той час тільки з'являлися

En estas publicaciones estos antagonismos de clase se reconocen sólo en sus formas más tempranas, indistintas e indefinidas

У цих публікаціях ці класові антагонізми визнаються лише в їх найбільш ранніх, невиразних і невизначених формах

Estas propuestas, por lo tanto, son de carácter puramente utópico

Отже, ці пропозиції мають суто утопічний характер

La importancia del socialismo crítico-utópico y del comunismo guarda una relación inversa con el desarrollo histórico

Значення критично-утопічного соціалізму і комунізму має зворотне відношення до історичного розвитку

La lucha de clases moderna se desarrollará y continuará tomando forma definitiva

Сучасна класова боротьба буде розвиватися і надалі набувати певних обрисів

Esta fantástica posición del concurso perderá todo valor práctico

Ця фантастична репутація від конкурсу втратить будь-яку практичну цінність

Estos fantásticos ataques a los antagonismos de clase perderán toda justificación teórica

Ці фантастичні нападки на класові антагонізми втратять будь-яке теоретичне обґрунтування

Los creadores de estos sistemas fueron, en muchos aspectos, revolucionarios

Творці цих систем багато в чому були революційними

pero sus discípulos han formado, en todos los casos, meras sectas reaccionarias

Але їхні учні в кожному випадку утворювали прості реакційні секти

Se aferran firmemente a los puntos de vista originales de sus amos

Вони міцно тримаються за оригінальні погляди своїх господарів

Pero estos puntos de vista se oponen al desarrollo histórico progresivo del proletariado

Але ці погляди суперечать прогресивному історичному розвитку пролетаріату

Por lo tanto, se esfuerzan, y eso de manera consecuente, por amortiguar la lucha de clases

Тому вони намагаються, і то послідовно, придушити класову боротьбу

y se esfuerzan constantemente por reconciliar los antagonismos de clase

І вони послідовно намагаються примирити класові антагонізми

Todavía sueñan con la realización experimental de sus utopías sociales

Вони досі мріють про експериментальну реалізацію своїх
соціальних утопій

**todavía sueñan con fundar "falansterios" aislados y
establecer "colonias domésticas"**

вони все ще мріють заснувати ізольовані «фаланстери» і
заснувати «домашні колонії»

**sueñan con establecer una "Pequeña Icaria": ediciones
duodécimas de la Nueva Jerusalén**

вони мріють створити «Маленьку Ікарію» — дуодецимо
видань Нового Єрусалиму

y sueñan con realizar todos estos castillos en el aire

I всі ці повітряні замки вони мріють втілити в життя

**se ven obligados a apelar a los sentimientos y a las carteras
de los burgueses**

Вони змушені апелювати до почуттів і гаманців буржуа

**Poco a poco se hunden en la categoría de los socialistas
conservadores reaccionarios descritos anteriormente**

Поступово вони скочуються в категорію реакційних
консервативних соціалістів, зображених вище

**sólo se diferencian de ellos por una pedantería más
sistemática**

Від них вони відрізняються лише більш систематичною
педантизмом

**y se diferencian por su creencia fanática y supersticiosa en
los efectos milagrosos de su ciencia social**

I вони відрізняються своєю фанатичною і забобонною
вірою в чудесні наслідки своєї соціальної науки

**Por lo tanto, se oponen violentamente a toda acción política
por parte de la clase obrera**

Тому вони чинять запеклий опір будь-яким політичним
діям робітничого класу

**tal acción, según ellos, sólo puede ser el resultado de una
ciega incredulidad en el nuevo Evangelio**

Такі дії, на їхню думку, можуть бути наслідком лише
сліпої невіри в нове Євангеліє

Los owenistas en Inglaterra y los fourieristas en Francia, respectivamente, se oponen a los cartistas y a los reformistas

Оуеніти в Англії і фур'єристи у Франції, відповідно, виступають проти чартистів і «реформістів»

Posición de los comunistas en relación con los diversos partidos de oposición existentes

Позиція комуністів по відношенню до різних існуючих протиборчих партій

La sección II ha dejado claras las relaciones de los comunistas con los partidos obreros existentes

Розділ II прояснив відносини комуністів з існуючими робітничими партіями

como los cartistas en Inglaterra y los reformadores agrarios en América

такі, як чартисти в Англії та аграрні реформатори в Америці

Los comunistas luchan por el logro de los objetivos inmediatos

Комуністи борються за досягнення найближчих цілей

Luchan por la imposición de los intereses momentáneos de la clase obrera

Вони борються за реалізацію сьогохвилинних інтересів робітничого класу

Pero en el movimiento político del presente, también representan y cuidan el futuro de ese movimiento

Але в політичному русі сьогодення вони також представляють і піклуються про майбутнє цього руху

En Francia, los comunistas se alían con los socialdemócratas

У Франції комуністи об'єднуються з соціал-демократами

y se posicionan contra la burguesía conservadora y radical

і вони протиставляють себе консервативній і радикальній буржуазії

sin embargo, se reservan el derecho de tomar una posición crítica respecto de las frases e ilusiones tradicionalmente transmitidas desde la gran Revolución

однак вони залишають за собою право займати критичну позицію щодо фраз та ілюзій, традиційно переданих з часів Великої революції

En Suiza apoyan a los radicales, sin perder de vista que este partido está formado por elementos antagónicos

У Швейцарії підтримують радикалів, не випускаючи з уваги той факт, що ця партія складається з антагоністичних елементів

en parte de los socialistas democráticos, en el sentido francés, en parte de la burguesía radical

частково демократичних соціалістів, у французькому розумінні, частково радикальної буржуазії

En Polonia apoyan al partido que insiste en la revolución agraria como condición primordial para la emancipación nacional

У Польщі підтримують партію, яка наполягає на аграрній революції як головній умові національного визволення

el partido que fomentó la insurrección de Cracovia en 1846

та партія, яка підбурила повстання в Кракові в 1846 році

En Alemania luchan con la burguesía cada vez que ésta actúa de manera revolucionaria

У Німеччині воюють з буржуазією щоразу, коли вона діє революційним шляхом

contra la monarquía absoluta, la nobleza feudal y la pequeña burguesía

проти абсолютної монархії, феодального зброєносця і дрібної буржуазії

Pero no cesan, ni por un solo instante, de inculcar en la clase obrera una idea particular

Але вони ні на мить не перестають прищеплювати робітничому класу якусь одну конкретну ідею

el reconocimiento más claro posible del antagonismo hostil entre la burguesía y el proletariado

якнайчіткіше визнання ворожого антагонізму між буржуазією і пролетаріатом

para que los obreros alemanes puedan utilizar inmediatamente las armas de que disponen

щоб німецькі робітники могли негайно скористатися наявною в їхньому розпорядженні зброєю

las condiciones sociales y políticas que la burguesía debe introducir necesariamente junto con su supremacía

суспільно-політичні умови, які буржуазія неодмінно повинна запровадити разом зі своїм пануванням

la caída de las clases reaccionarias en Alemania es inevitable

падіння реакційних класів у Німеччині неминуче

y entonces la lucha contra la burguesía misma puede comenzar inmediatamente

і тоді відразу може початися боротьба з самою буржуазією

Los comunistas dirigen su atención principalmente a Alemania, porque este país está en vísperas de una revolución burguesa

Комуністи звертають свою увагу головним чином на Німеччину, тому що ця країна знаходиться напередодні буржуазної революції

una revolución que está destinada a llevarse a cabo en las condiciones más avanzadas de la civilización europea

революція, яка неодмінно відбудеться в більш розвинених умовах європейської цивілізації

y está destinado a llevarse a cabo con un proletariado mucho más desarrollado

І це неодмінно буде здійснено з набагато більш розвиненим пролетаріатом

un proletariado más avanzado que el de Inglaterra en el XVII y el de Francia en el siglo XVIII

пролетаріат, більш розвинений, ніж в Англії, в XVII столітті, і у Франції в XVIII ст.

y porque la revolución burguesa en Alemania no será más que el preludio de una revolución proletaria inmediatamente posterior

і тому, що буржуазна революція в Німеччині буде лише прелюдією до безпосередньо наступної пролетарської революції

En resumen, los comunistas apoyan en todas partes todo
movimiento revolucionario contra el orden social y político
existente

Коротше кажучи, комуністи повсюдно підтримують будь-
який революційний рух проти існуючого суспільно-
політичного порядку речей

En todos estos movimientos ponen en primer plano, como
cuestión principal en cada uno de ellos, la cuestión de la
propiedad

У всіх цих рухах вони висувають на передній план, як
провідне питання в кожному з них, майнове питання

no importa cuál sea su grado de desarrollo en ese país en ese
momento

Незалежно від того, який ступінь її розвитку в цій країні
на той час

Finalmente, trabajan en todas partes por la unión y el
acuerdo de los partidos democráticos de todos los países

Нарешті, вони повсюдно працюють заради об'єднання і
згоди демократичних партій усіх країн

Los comunistas desdeñan ocultar sus puntos de vista y sus
objetivos

Комуністи не гребують приховувати свої погляди і цілі

Declaran abiertamente que sus fines sólo pueden alcanzarse
mediante el derrocamiento por la fuerza de todas las
condiciones sociales existentes

Вони відкрито заявляють, що їх цілі можуть бути досягнуті
тільки шляхом насильницького повалення всіх існуючих
суспільних умов

Que las clases dominantes tiemblen ante una revolución
comunista

Нехай панівні класи тремтять від комуністичної революції

Los proletarios no tienen nada que perder más que sus
cadenas

Пролетарям нема чого втрачати, крім своїх кайданів

Tienen un mundo que ganar

У них є світ, щоб перемогти

¡TRABAJADORES DE TODOS LOS PAÍSES, UNÍOS!
ТРУДЯЩІ ВСІХ КРАЇН, ЄДНАЙТЕСЯ!